Am Tag, als ich mit Geistern sprach
Renate Kruse

Renate Kruse

Am Tag, als ich mit Geistern sprach

Bibliografische Information der Deutschen
Nationalbibliothek:
Die Deutsche Nationalbibliothek verzeichnet diese
Publikation in der Deutschen Nationalbibliografie;
detaillierte bibliografische Daten sind im Internet über
http://dnb.dnb.de abrufbar.

© 2021 Renate Kruse

Herstellung und Verlag: BoD – Books on Demand,
Norderstedt

ISBN: 978-3-7534-4078-1

Inhalt

Einleitung

Unsere Erde befindet sich bereits seit mehreren Jahrzehnten im Wandel. Der Schleier zwischen Himmel und Erde wird immer dünner. Wir Menschen fühlen, sehen und spüren immer mehr von den Dingen, die im Verborgenen liegen. Ganz besonders Kinder haben die Fähigkeit, Dinge zu sehen, die sich zwischen den Dimensionen befinden. Sie sehen Verstorbene, die nach ihrem Ableben nicht ins „Licht" gegangen sind, sondern sich immer noch auf unserer Erde aufhalten, nur durch einen hauchdünnen Schleier von den Lebenden entfernt. Viele von ihnen halten sich noch am Ort ihres Todes auf, andere haben sich vertrauten Personen angeschlossen, und wieder andere suchen nach Menschen, die ihre Bedürfnisse, ihre Süchte, und ihre Vorlieben teilen. Sie hängen sich an sie, klammern sich in deren Aura fest, und manipulieren ihre Gedanken und Gefühle.

Doch nicht nur Verstorbene halten sich auf unserer Erde auf, auch andere Wesensformen beherrschen unser Leben. Immer mehr Menschen bemerken, dass etwas nicht stimmig ist in ihrem Lebensraum. Auch ohne es genau benennen zu können, nehmen sie diese Wesenheiten unbewusst wahr. Halten sich Verstorbene oder andere Wesenheiten in ihren Häusern und Wohnungen auf, fühlen sie oft deren beklemmende und düstere Energie. Dieses Buch zeigt Ihnen auf, wie ich mit diesen Wesenheiten umgehe. Anhand vieler Fallbeispiele aus meiner Praxis zeige ich Ihnen, wie ich mit diesen Wesenheiten kommuniziere, wie ich sie dazu bringt, sich aus der Aura der Menschen zu lösen und deren Häuser zu verlassen.

Das Buch zeigt aber auch Wege zur Selbsthilfe auf. Kleine Meditationen aktivieren Ihre Vorstellungskraft und helfen, mit dem göttlichen Licht zu arbeiten, Schutzräume aufzubauen, negative Wesenheiten und Energien in der Aura aufzulösen oder auch, belastende Eigenschaften und sogar Krankheiten, die wir von unseren Ahnen ererbt haben, an diese zurückzugeben.

Wie alles begann

Alles nahm mit kleinen Schritten seinen Lauf. Nicht von einem Tag auf den anderen. Nicht so, dass ich von seltsamen Wesen überrascht wurde, von denen ich nicht wusste, wer oder was sie waren. Nein, alles begann ganz anders.

Als ich gerade 10 Jahre alt war, starb mein Opa, den ich sehr liebte. Wie es damals üblich war, wurde er für drei Tage in der Wohnstube aufgebahrt. Nachbarn und Verwandte kamen, um noch einmal Abschied zu nehmen. Für mich war es ganz schrecklich, dass mein geliebter Opa nun nicht mehr für mich da sein sollte. Ich weinte fürchterlich, legte mich auf dem Dachboden in sein Bett und weinte dort Herz zerreißend weiter.

Plötzlich hörte ich seine Stimme, die zu mir sagte: „Du musst nicht weinen. Schau, ich bin jetzt ein Engel, und ich werde immer bei Dir sein. Immer, wenn Du mich brauchst, bin ich an Deiner Seite." Ich sah auf, schaute, wo diese Stimme her kam und sah auf dem Stuhl neben dem Bett, meinen Opa sitzen. Er trug sein weißes Totenhemd, mit dem er tatsächlich wie ein Engel aussah. Er hatte ein gütiges Lächeln im Gesicht, und mir wurde ganz warm ums Herz.

Sofort hörte ich auf zu weinen. Ich freute mich, dass er, wie ich glaubte, immer noch am leben sei und rannte, freudig lachend, die Stufen hinunter ins Wohnzimmer, wo immer noch Verwandte und Nachbarn um das Totenbett herumstanden. Strahlend kam ich dort an, sah meine weinenden Eltern und meine schluchzende Schwester und sagte: „Der Opa lebt. Ihr braucht nicht zu weinen. Er war gerade an meinem Bett, er ist jetzt ein Engel." Meine Eltern reagierten sehr unwirsch darauf mit den Worten: „Was erzählst du für einen Unsinn. Du siehst doch, dass der Opa tot ist." Damit war für meine Eltern das Thema erledigt. Sie sprachen nie wieder darüber, und auch ich habe lange Jahre nicht mehr daran gedacht.

Als ich ungefähr im gleichen Alter war, ertrank mein geliebter Cousin Peter im Rhein-Herne-Kanal. Bei einem Kopfsprung ins Wasser, muss er wohl auf einem Stein aufgekommen und bewusstlos geworden sein. Gemeinsam mit seinen Freunden hielt er sich oft dort auf, um zu schwimmen, auf herankommende Schiffe zu klettern, oder um sich von hohen Brücken in den Kanal zu stürzen.

Peter war einer meiner besten Freunde, und, obschon wir uns nicht sehr häufig sahen, war ich jahrelang fürchterlich traurig, ihn nicht mehr an meiner Seite zu haben.
Ich kann mich erinnern, dass wir, meine Eltern, meine Schwester und ich, des öfteren meinen Onkel, meine Tante und Peter besucht haben. Wenn wir die Wohnung betraten, befand sich gleich rechts die Küche, und jedes Mal saß dort am Ofen ein alter Mann, dem ein Bein fehlte. Jedes Mal ging meine ganze Familie an ihm vorbei, ohne ihn zu beachten.
Niemand sprach mit ihm, was ich damals sehr seltsam und unhöflich fand. Ich ging dann etwas später immer zu ihm und wechselte ein paar Worte mit ihm. Für mich war dieser Mann real, doch als ich später einmal meine Mutter daraufhin ansprach, meinte sie nur: „Da saß kein

Mann in der Küche. Auf was für Sachen du nur immer kommst." Auch meine Schwester, die ich Jahrzehnte danach daraufhin ansprach, wusste nichts von diesem Mann. Wie konnte ich auch wissen, dass es sich hierbei um einen Verstorbenen handelte, der sich immer noch auf der Erde und an seinem geliebten Platz am warmen Ofen aufhielt.

Meine Kindheit und auch mein junges Erwachsenenleben verliefen danach in dieser Richtung relativ unauffällig. Wenn es da doch etwas gab, dann erinnere ich mich nicht daran. Meinen Großvater sollte ich erst wiedersehen, als ich, gemeinsam mit einer Freundin, an einer schamanischen Reise teilnahm. Damals zeigte er sich als mein Geistführer. Er hat mich in dieser Rolle viele Jahre begleitet, bis er von einem höheren Wesen abgelöst wurde.
Doch auch danach hatte ich noch so einiges im Bereich des Übersinnlichen erlebt. Als meine Kinder klein waren, erzählte ich ihnen immer von meinen Träumen, von dem, was ich in den Nächten erlebt hatte. Viele Dinge, die ich träumte, wurden später zur Wirklichkeit.

Zum Beispiel träumte ich ziemlich realistische Träume von mir bekannten Menschen, bevor diese verstarben. Ich träumte auch von meiner Mutter, die nach einer Knieoperation ständig Probleme beim Laufen hatte. Ich sah sie im Traum völlig entspannt einen Berg hinauflaufen. Sie rief mir zu: „Sieh mal, wie ich laufen kann. Ich habe gar keine Schmerzen mehr." Kurze Zeit später wurde sie sehr krank, fiel ins Koma und verstarb nach einigen Wochen im Krankenhaus.
Was ich meinen Kindern nicht erzählte, waren die Träume, in denen ich sah, wer als Nächstes sterben

würde, oder die, in denen ich von Dämonen angegriffen wurde. Zum Glück kam das nicht allzu häufig vor.

Entführt

Als mein Sohn vier und meine Tochter ein Jahr alt waren, wurde in unserer Gegend ein Kind entführt. Ein kleiner Junge, aus einer russischen Familie. Er wurde bereits seit einer Woche vermisst, als ich nachts einen Traum hatte. Ich träumte von einer alten abbruchreifen Fabrik, von kahlen Wänden und Fußböden, teilweise zerschlagenen Fensterscheiben, und ich träumte von einem kleinen russischen Jungen, der in diesen kahlen Mauern festgehalten wurde. Im ersten Stockwerk sah ich einen jungen Mann im weißen Feinripp-Unterhemd, gemeinsam mit diesem kleinen Jungen. Ich sah, wo er ihn festhielt, wo er ihn gefangen hielt. Was ich noch sah, war ein Straßenschild und den Namen der Straße darauf. Die Straße kannte ich, allerdings nur vom Namen her, ich war bisher noch nie dort gewesen.

Am Morgen schnappte ich mir meine beiden Kinder, setzte sie in mein Auto und fuhr, die Straßenkarte auf dem Beifahrersitz, in den Stadtteil, in dem sich diese Straße befand, die ich in meinem Traum gesehen hatte. Als ich dort ankam, fand ich alles genauso vor, wie ich es in der Nacht zuvor in meinem Traum gesehen hatte. Das alte Fabrikgebäude mit den kaputten Fensterscheiben stand genau dort, wo ich es zuvor gesehen hatte, an genau der gleichen Stelle der Straße.

Ich überlegte, was ich machen sollte. Sollte ich ins Haus hineingehen? Sollte ich anonym die Polizei anrufen? Was sollte ich tun. Ich sagte meinem Sohn, ich sei gleich wieder das, er solle nur ein wenig auf seine kleine Schwester achtgeben und stieg aus dem Auto.

Im gleichen Moment hielt ein Wagen direkt vor meinem und mein Ehemann stieg aus. Er arbeitete damals bei der Kriminalpolizei und hatte unser Auto vor der Fabrik stehen sehen. Ich wusste, wie er zu meinen Visionen stand, und dass er sie für Unsinn hielt. Trotzdem sagte ich ihm nun, was ich in der Nacht zuvor geträumt hatte und was ich vermutete. Natürlich hielt er das alles für Unsinn und hielt es nicht für nötig, mit seinem Kollegen ins Gebäude hineinzugehen. Mein Plan anonym die Polizei anzurufen, hatte sich somit auch zerschlagen. Ich fuhr unverrichteter Dinge wieder nach Hause.

Über die Sache wurde in der Familie nie wieder gesprochen. Für mich aber, ist der Fall bis heute nicht abgeschlossen. Noch heute sehe ich oft einen jungen Mann im weißen Feinripp-Unterhemd, gemeinsam mit einem kleinen Jungen, den er in einem kahlen Raum mit kaputten Fensterscheiben gefangen hielt. Noch heute habe ich ein schlechtes Gewissen, weil ich denke, dass, wenn ich etwas hartnäckiger gewesen wäre, vielleicht ein kleiner russischer Junge noch am Leben sein könnte und dass seine Eltern nicht maßlos hätten trauern müssen, wenn ich etwas mutiger gewesen wäre.

Unsere Lebensaufgabe

Viele Menschen fragen mich nach ihrer Lebensaufgabe. Sie vermuten immer, es müsste eine riesengroße Sache sein, etwas ganz Besonderes. Manchmal ist es das auch, doch vielfach sind es die vermeintlich kleinen Dinge im Leben, die unsere Lebensaufgabe ausmachen, und meistens sind es die Dinge, die uns Menschen so schwer fallen.

Bevor wir uns zu einem weiteren Leben auf Erden entscheiden, werden wir gefragt, welchen Sinn unser zukünftiges Leben haben soll. Was wollen wir lernen in unserem neuen Leben. Die Dinge im Leben, die immer wiederkehren, die uns praktisch verfolgen, uns immer wieder begegnen und oft verletzen, führen uns meistens zu unserer Lebensaufgabe.

Letztendlich gibt es in unserem Leben auch nicht nur die eine Lebensaufgabe, sondern mehrere, und viele kleine Aufgaben müssen bewältigt werden, um zum Großen zu gelangen.

Immer dann, wenn wir das Gefühl haben, in unserem Leben läuft nichts glatt, uns gelingt nichts, ständig scheitern wir an gewissen Punkten, alles scheint blockiert, dann sollten wir unser Leben und unsere Handlungsweisen anschauen.

Denn immer dann, wenn wir unseren Lebensweg nicht einhalten, wenn wir ständig einen anderen Weg nehmen, als den vom Schicksal vorgeschriebenen, bekommen wir Steine in den Weg gelegt, die uns sagen sollen: „Stopp, geh noch einmal zurück, sieh dir an, was du getan hast. Das ist nicht der richtige Weg. Das ist nicht Dein Weg."

Diese Steine, die uns in den Weg gelegt werden, sehen immer anders aus, je nachdem, ob wir nur ein kleines Stückchen von unserem Seelenplan abweichen, oder ob wir uns sehr weit davon entfernen; ob wir nur einen kleinen Umweg machen, oder unseren Lebensweg ganz aus den Augen verlieren. Unsere Seele versucht immer wieder, uns auf die richtige Bahn zu bringen, durch unsere Träume, durch Dinge, die wir sehen, hören oder fühlen, durch Menschen, die uns begegnen, oder auch durch Bücher, die uns in die Hände fallen.

Wir sagen dann immer, „Ich habe ganz zufällig ein Buch gelesen" oder „Ich habe ganz zufällig jemanden getroffen, der genau das macht, was ich immer schon toll fand". Doch wir wissen ja schon lange, Zufälle gibt es nicht. Alles wird gesteuert, von unserer Seele, von unseren Engeln, von Gott. Denn jeder von ihnen kennt unseren Lebensplan und möchte, dass wir ihn nicht aus den Augen verlieren.

Wir haben uns damals ganz bewusst zu einem Leben auf der Erde entschieden, auf der Erde, die von allen Planeten die niedrigste Schwingung aufweist, was es uns Menschen ganz besonders schwer macht, unseren Weg zu gehen. Immer wieder verlieren wir unseren Weg aus den Augen, werden wir doch immer wieder manipuliert, sei es durch unser eigenes Ego, durch andere Menschen, aber auch durch die Erfahrungen, die wir in diesem Leben gemacht haben und ebenso, durch Erfahrungen aus früheren Inkarnationen.

Dadurch, dass alles hier auf Erden eine extrem starke Dichte aufweist, befinden sich hier auch weit mehr Geschöpfe der Dunkelheit, als auf anderen Planeten. Diese Wesenheiten schwingen in einer ganz tiefen Dichte, und je mehr Steine uns vom Schicksal in den Weg gelegt werden, desto kräftiger arbeiten diese Wesen daran, uns noch weiter vom rechten Pfad abzubringen.

Manch einer hat eine Berufung, auf die er hingeführt wird, Schritt für Schritt. Der eine begreift ganz schnell, was von ihm verlangt wird und ist bereits in jungen Jahren erfolgreich in dem, was von ihm verlangt wird, ein anderer braucht vielleicht ein wenig länger, um zu verstehen, und der Nächste, erreicht sein Ziel in diesem Leben gar nicht. Er bekommt dann eine erneute Chance im nächsten Leben, denn unsere Lebensaufgaben zu erfüllen, ist unser Bestreben, deshalb sind wir auf die Welt gekommen.

Ich kenne Menschen, denen so viel Potential mitgegeben wurde. All das, wofür andere Menschen in ihrem Leben hart kämpfen müssen, wurde ihnen bereits in die Wiege gelegt. Und doch machen diese Menschen nichts daraus, erkennen ihre Gabe nicht. Ich frage mich, warum ist das so? Warum erkennen so viele Menschen nicht, welche Schätze ihnen an die Hand gegeben wurden. Sie könnten Politiker werden, die Welt vollkommen anders lenken, zum Guten hin. Sie könnten großartige Erfinder werden, Erfinder, deren Erfindungen unsere Welt retten könnten. Wenn sie nur den Mut dazu hätten. Und vielleicht die Kraft und die Stärke.

Jeder Mensch hat seine kleinen und auch großen Aufgaben im Leben. Bereits seit vielen Jahren habe ich meine Berufung gefunden, und es gab viele Menschen, die mir dabei geholfen haben. Wenn wir auf dem Weg zu unserer Berufung sind, begegnen wir immer wieder Menschen, die uns weiterhelfen können. Wir sagen dann, denjenigen habe ich zufällig getroffen. Aber seien wir mal ehrlich. All diese Begegnungen sind nicht zufällig. Sie sind geplant, von einer höheren Macht herbeigeführt. Und zwar aus einem einzigen Grund: Damit wir unsere Lebensaufgabe erkennen und mit ihr arbeiten können.

Unsere DNA

Eine große Rolle bei der Suche nach unserer Lebensaufgabe spielt auch unsere DNA. Alles, was wir selbst erlebt haben, aber auch das, was unseren Ahnen und Urahnen geschehen ist, ist in unseren Zellen gespeichert. Das Wissen von 1000.000.000.000 Compact Disk sind in 1 Gramm DNA enthalten. Unsere Gene sind also der ultimative Wissensspeicher.   Unsere Erbinformationen entscheiden, wie wir aussehen, welche Haut- und Haarfarbe wir haben, welche Eigenschaften in uns angelegt sind, aber auch, welche Dispositionen für Krankheiten wir in uns haben.

Spezielle Talente oder Eigenschaften, negative oder positive Charakterzüge, Willensstärken oder -schwächen, die sich bereits bei unseren Urahnen gezeigt haben, können so nach vielen Generationen immer noch präsent sein.
Wie oft sagen wir: „Das liegt mir im Blut", wenn wir uns bei bestimmten Dingen nicht anstrengen müssen. Sie fallen uns einfach so zu, brauchen nicht erlernt zu werden oder kosten uns nur sehr wenig Anstrengung.

Unsere Ahnen haben großen Anteil an unseren Verhaltensweisen, im Positiven, wie auch im Negativen. Sie haben großen Anteil an unserem Handeln, an unseren Fähigkeiten, unserem Auftreten, an unseren Unsicherheiten und Unzufriedenheiten, und sie haben uns eine Disposition zu bestimmten Krankheiten wie z.B. Depressionen oder auch Krebs vererbt.

Da uns viele dieser ererbten Verhaltensweisen schaden, ist es wichtig, diese aufzulösen. Sie können diese mithilfe der Reinigungsübung auflösen, die Sie in diesem Buch finden, oder aber, Sie versuchen es mit dieser Meditation, die ich Ihnen ans Herz legen möchte.

Sie können sich diese Meditation vorlesen lassen oder aber Sie nehmen sie auf Band auf. Dann haben Sie sie immer parat und können sie bei Bedarf immer wieder anhören.

Dein Erbe zurück geben

Suche dir einen ruhigen Platz. Das kann in deiner Wohnung sein, aber auch draußen in der Natur. Eine schöne Blumenwiese zum Beispiel, ein Platz, an dem du dich wohlfühlst und an dem du vollkommen ungestört bist.

Lasse angenehme Musik laufen, bei der du dich entspannen kannst. Atme nun einige Male tief ein und aus. Lasse all deine Sorgen los, und konzentriere dich ganz auf deinen Körper, auf deinen Atem, auf den Klang der Stimme und der Musik.

Du wirst immer ruhiger, immer entspannter. Alle Geräusche von außen verschmelzen mit der Stimme und mit der Musik. Werde eins mit ihnen. So kannst du immer mehr loslassen, immer mehr entspannen.

In deiner Vorstellung begibst du dich nun auf eine Blumenwiese. Es ist ein wunderbarer Sommertag. Ganz leicht scheint die Sonne auf dein Gesicht, ganz zart umweht dich der Wind. Schmetterlinge fliegen um dich herum oder sitzen auf den Blumen.

Plötzlich erscheint auf dieser Blumenwiese ein großes rundes Portal aus hellem Licht. Schau dir dieses Lichtportal ganz genau an. Vielleicht rufst du auch deinen Schutzengel herbei und bittest ihn, gemeinsam mit dir, diesen Weg zu gehen.
Wenn dein Schutzengel bei dir ist, reiche ihm deine Hand, und durchschreite gemeinsam mit ihm das Lichtportal. Ganz leicht und mühelos lauft ihr hindurch, und schon seid ihr auf der anderen Seite des Portals angekommen.

Vor deinen Augen erscheint nun ein Berg. Euer Ziel ist es, diesen Berg zu besteigen. Ein steiler Weg führt euch über karges Gestein. Der Weg ist eng, ihr müsst dicht an der steilen Bergwand entlang laufen. Dieser steile Weg symbolisiert dein Leben, das teilweise hart und steinig ist.
Nach einiger Zeit verändert sich der Weg. Er wird breiter, der Boden grüner. Vereinzelt ragen kleine Bäume aus dem kargen Gestein heraus, und du siehst bereits die breite Spitze des Berges.
Endlich seid ihr angekommen. Gemeinsam mit deinem Schutzengel beschreitest du ein riesiges Bergplateau. Du bist aus einem ganz bestimmten Grund hier herauf gekommen. Heute triffst du dich hier oben mit den Seelen

deiner Eltern, Großeltern und Urgroßeltern.

Du trägst schon seit deiner Geburt ganz bestimmte Lasten mit dir herum, die du von deinen Eltern und von deinen Großeltern übernommen hast und die eigentlich nicht deine eigenen sind, die dich aber immer und ständig belasten.

Oder, man hat sie dir im Laufe deiner Kindheit oder auch deiner Jugend übertragen. Heute bist du hier, um ihnen ihr Erbe zurückzugeben.

Wir übernehmen oft unbewusst Verhaltensweisen und auch Krankheiten unserer Eltern, und diese wiederum haben sie von ihren Eltern übernommen. Und so kommt es vor, dass bestimmte Verhaltensweisen von Generation zu Generation weitergegeben werden. Jede Generation packt ihr Päckchen noch darauf, und so sind wir irgendwann so belastet mit den Ängsten, Verhaltensweisen und Krankheiten unserer Vorfahren, dass wir unser eigenes Selbst verloren haben.

Fühle nun in dich hinein. Überlege dir mehrere Dinge, von denen du glaubst, sie deinen Eltern zurück geben zu müssen. Überlege ruhig ein wenig. Lasse dir Zeit dabei …

Vielleicht plagen dich ständige Schuldgefühle, und du weißt nicht, weshalb und woher sie kommen. Vielleicht leidest du häufiger unter depressiven Verstimmungen, du fühlst dich wertlos und nutzlos. Möglicherweise leidest du unter Minderwertigkeitsgefühlen, und du hast das Gefühl, nichts würde dir gelingen. Oder aber, dich plagt eine ständig wiederkehrende Wut auf eine bestimmte Person, und du kannst dir nicht vorstellen, woher diese Wut kommt. Vielleicht hast du aber auch in bestimmten Situationen ständig wiederkehrende körperliche

Beschwerden, Rückenschmerzen beispielsweise, oder Herzbeschwerden.

Wenn du nun ausgewählt hast, was du deinen Eltern zurück geben möchtest, rufe deine Eltern, Großeltern und Urgroßeltern zu dir auf das Plateau. Rufe sie jetzt.
Vielleicht kommen sie nur langsam und zögerlich. Vielleicht musst du noch ein wenig warten, bis sie erscheinen. Vielleicht musst du sie auch noch einmal zu dir rufen.
Wenn sie nicht kommen, bitte deinen Schutzengel, dir zu helfen. Möglicherweise fällt es ihnen nicht leicht. Lasse ihnen Zeit.

Nun sind deine Eltern und ebenso deine Großeltern angekommen. Möglich, dass sie etwas verunsichert vor dir stehen, schließlich wissen sie bereits, was du von ihnen verlangst.
Sage deinen Eltern welche Probleme, welche Sorgen und Nöte du hast. Sage ihnen, ohne ihnen Vorwürfe zu machen, dass du ihnen ihr Erbe zurück geben möchtest und warum du es möchtest.
Sage ihnen, dass es nicht deine Krankheiten, nicht deine Probleme und Nöte sind, sondern, dass sie sie dir hinterlassen haben.
Stelle dir nun vor, wie du deine ganze Last, dein Erbe; alles, was du von deinen Ahnen geerbt hast, in deine beiden Hände nimmst und es deinen Eltern übergibst.

Möglich, dass deine Eltern diese Schuld nicht annehmen wollen, dass sie ihr Erbe nicht zurück nehmen wollen. Dann sage ihnen, dass es nicht *deines* ist, dass sie es zurücknehmen *müssen*. Bitte deinen Schutzengel, als Vermittler einzutreten, falls deine Eltern ihr Erbe an dich nicht zurücknehmen wollen.

Vielleicht kannst du nun aber sehen, wie deine Eltern dir deine Last abnehmen, dir dein großes Paket abnehmen und es weiterreichen an deine Großeltern. Diese wiederum geben es weiter an ihre Eltern und Großeltern.

Vielleicht kannst du nun die lange Schlange deiner Ahnen sehen, die sich gebildet hat. Jeder ist gekommen, um das, was er einst an seine Kinder, Enkelkinder, Neffen und Nichten vererbt hat, zurückzunehmen.

Wenn du dein Päckchen erfolgreich abgeben konntest, verabschiede dich in Frieden von deinen Eltern, von deinen Großeltern und von deinen restlichen Ahnen, und danke ihnen dafür.

Jetzt, wo du dein Erbe zurückgeben konntest, fällt alle Last von deinen Schultern. Du kannst wieder aufrecht stehen, deine Haltung ist gerader, selbstbewusster geworden. Die Schwere, die vorher auf deinen Schultern lastete, ist von dir abgefallen und einer Leichtigkeit gewichen, die du schon lange nicht mehr verspürt hast.

Gemeinsam mit deinem Schutzengel kannst du nun den Rückweg antreten. Gemeinsam geht ihr den Weg zurück, auf dem ihr hergekommen seid. Wieder lauft ihr den schmalen Bergsteig entlang. Dieses Mal führt der Weg nach unten, doch dieses Mal, so scheint es dir, ist alles weiter und offener, das Gebirge nicht so schroff und karg, der Weg breit und einladend. So macht dir das Laufen Spaß, und schon bald, siehst du am Fuße des Berges bereits wieder dein Lichtportal.

Verabschiede dich nun von deinem Schutzengel, und bedanke dich bei ihm für seine Hilfe.

Schreite dann durch das Lichtportal zurück auf die bunte

Blumenwiese, auf der du deine Reise begonnen hast.
Um wieder ganz in die Wirklichkeit zurückzukommen,
recke und strecke dich, bewege deine Arme und Beine,
deine Hände und Finger, und öffne deine Augen. Du
nimmst jetzt deine Umgebung wieder wahr und bist vollkommen wach und klar.

Die Lehren von Joseph Murphy und Émile Coué

Auch ich bin ein Spätstarter, auch ich habe mich immer
wieder zurückwerfen lassen, sei es durch die Meinung
meiner Mitmenschen, durch Familie, Hobbys u.s.w. Erst
mit ungefähr 40 Jahren habe ich vermehrt Leute getroffen, die mir auf meinem Weg weiterhelfen sollten.

Ich bin damals dem Joseph-Murphy-Kreis beigetreten.
Joseph Murphy hat mehrere Bücher zum Thema „Positives Denken" geschrieben, z.B. „Die Macht des positiven Denkens" und „Die Macht Ihres Unterbewusstseins".
Bei den Lehren von Joseph Murphy geht es darum, dass
ein Jeder von uns, die Kraft der Selbstheilung in sich
trägt, und zwar in jeder Beziehung. Unsere Gedanken
steuern unser Leben.
Wir selbst haben es in der Hand, ob wir glücklich oder
unglücklich sind. Die Grundaussage Joseph Murphys ist,
dass jeder Mensch durch Autosuggestion sowie durch
Affirmationen Einfluss auf sein Unterbewusstsein

nehmen kann und so in der Lage ist, sein Leben positiv zu verändern.

Und weil wir selbst uns verändern, verändert sich auch unser Umfeld. Das wirkt sich nicht nur auf unsere Gesundheit aus, sondern auch auf das Zusammenwirken mit anderen Menschen.

Ich durfte dort auch die Lehren von Émile Coué kennenlernen. Der Apotheker Coué stellte fest, dass, wenn er seinen Kunden ein Medikament mit den Worten: „Das wird Ihnen sehr gut helfen" oder „Da haben Sie das beste Mittel, das es geben kann", verkaufte, verstärkte sich die Wirkung des Präparates und seine Kunden wurden schneller gesund, als wenn er ihnen das Medikament ohne diese positiven Worte verkaufte.

Émile Coué schrieb Bücher wie „Die Macht der Autosuggestion" und „Die Selbstbemeisterung durch bewusste Autosuggestion".

Seine suggestive Heilformel „Es geht mir mit jedem Tag in jeder Hinsicht besser und besser" hat schon vielen Menschen aus Krisensituationen herausgeholfen.

Diese Suggestion 21 mal direkt nach dem Aufwachen und kurz vor dem Einschlafen gesprochen, und das 21 Tage lang, kann sich äußerst positiv auf unser seelisches, aber auch auf unser körperliches Wohl auswirken.

Die Autosuggestion lässt sich auch wunderbar abändern. Haben wir Schmerzen in unserem linken Knie, können wir zum Beispiel sagen: „Meinem linken Knie geht es mit jedem Tag besser und besser" oder, wenn wir Probleme auf der Arbeitsstelle haben: „Das Verhältnis zu meinen Arbeitskollegen wird von Tag zu Tag besser und besser."

Für akute Schmerzen hatte Coué eine besondere Formel parat. Man lege eine Hand auf die betreffende Stelle, lasse sie darüber streichen und wiederhole möglichst schnell hintereinander: „Der Schmerz geht weg, weg, weg, weg, weg." So lange, bis der Schmerz verschwunden ist.

Eine Freundin von mir, hatte mit dieser Formel eine Warze in ihrem Gesicht behandelt. Nach drei Tagen, in denen sie immer wieder mit ihrer Hand darüber strich und sagte: „Die Warze geht weg, weg, weg, weg, weg", wurde sie schließlich schwarz und fiel ab.

Wichtig dabei ist, dass „wenn, wenn, wenn" möglichst lange und schnell hintereinander zu sprechen, damit unser Unterbewusstsein diese Aussage als „wahr" erkennen kann.

Sie können diese Affirmation auch geistig anwenden, indem Sie sich mit geschlossenen Augen auf das Körperteil konzentrieren, das Sie vom Schmerz befreien möchten.

Richten Sie hierbei Ihren „Inneren Blick" auf das zu heilende Körperteil, und sagen Sie sich im Stillen: „Der Schmerz an … geht weg, weg, weg, weg, weg", so lange, wie Sie Ihre Konzentration halten können.

Der beste Zeitpunkt für diese Affirmation ist die Zeit vor dem Einschlafen oder kurz nach dem Aufwachen, da unser Gehirn sich dann schon bzw. noch im Alpha-Zustand befindet.

In diesem Zustand drängt es sich nicht immer in den Vordergrund und unser Unterbewusstsein kann seine Tätigkeit ungestört aufnehmen.

Der Joseph-Murphy-Kreis fand alle 14 Tage statt. Bei dem Gesprächskreis, der einmal im Monat stattfand, wurde viel über das Wirken Joseph Murphys und Émile Coués gesprochen. Ich lernte hierbei sehr viel über die Kraft des Unterbewusstseins und auch über die Kraft der Autosuggestion.

Einmal im Monat fanden Vorträge zu diesen Themen statt. Die Vorträge handelten von Autogenem Training, Geistigem Heilen, von Heilsteinen, Bachblüten, Heilarbeit mit Engeln und vielem mehr. Der Joseph-Murphy-Kreis war mein Sprungbrett zu dem, was ich heute mache. Das Sprungbrett zu meiner Berufung. Hier habe ich regelmäßig Leute kennengelernt, die mich immer wieder einen Schritt in die richtige Richtung geführt haben.

Ziemlich am Anfang meiner Jahre beim Joseph-Murphy-Kreis lernte ich eine Frau kennen, die während einer der Vortragsabende über Heilsteine moderierte. An diesem Abend lernte ich nicht nur eine Menge über Steine, sondern bekam auch noch eine Einladung ins Haus dieser Dame, in das sie mich zu einer Chakra-Meditation einlud.

Das war etwas vollkommen Neues für mich. Noch nie hatte ich etwas von Chakren gehört, auch nicht davon, wo sie liegen oder welche Bedeutung sie haben. Was sich erst am Tag der ersten Meditation herausstellte, war, dass dort immer mit Engeln gearbeitet wurde, und auch, dass für jedes Chakra ein bestimmter Engel zuständig ist. Für mich war das alles neu.

So lernte ich nun alles über unsere Engel, über unsere Chakren, unsere Aura und vieles mehr.

Weiterhin besuchte ich die Gesprächskreise und Vorträge des Joseph-Murphy-Kreises, und so kam es, dass ich eines Tages an einem Vortrag über Prana-Heilung teilnahm, der mich sehr faszinierte. Ich buchte ein Seminar, das über mehrere Wochen stattfand.

Während dieser Ausbildung habe ich das erste Mal gelernt, einen Menschen mithilfe meiner Hände und meiner Gedanken zu heilen. Hier lernte ich, das Energiefeld eines Menschen mit den Händen zu ertasten, ich lernte, wie sich negative Energien anfühlen und wie gute, und ich lernte festzustellen, wie viel negative Energie sich in der Aura befindet und wie man diese mit der Hilfe von Farben und mithilfe der geistigen Welt entfernt und ebenso, wie man diese nun leeren Energiezentren mit Heilungslicht wieder auffüllt.

Was ich damals leider nicht lernte, war, dass man sich vor diesen Energien auch schützen muss. Das habe ich des Öfteren schmerzlich zu spüren bekommen, denn oftmals, wenn meine Kunden gesund waren, war ich es, die anschließend erkrankt war.

Das mit dem Schutz habe ich somit erst sehr viel später gelernt, und deshalb habe ich die Prana Heilung irgendwann nicht mehr am Menschen, sondern nur noch an Tieren ausgeübt, denn ich hatte die Erfahrung gemacht, dass bei der Arbeit am Tier die Energien nicht auf mich als Behandler überspringen.

Irgendwann jedoch, war mir die Arbeit mit der Prana-Heilung zu mühselig und langwierig. Es dauerte mir einfach zu lange, diese ganzen Energien zu entfernen, und so sann ich nach anderen Methoden, die schneller zum Erfolg führten.

Ich machte eine Ausbildung in der Quanten-Heilung. Ich fand es sehr interessant, dass man nur mithilfe seiner beiden Hände und seiner gezielt gerichteten Gedanken, in kurzer Zeit alles Mögliche auflösen kann. Heute benutze ich die Quanten-Heilung, die ich immer noch sehr interessant finde, hauptsächlich zur Entfernung negativer Energien in der Aura und in den Chakren, da diese

Methode sehr schnell und effektiv wirkt.

So ganz war das aber immer noch nicht meins, und so machte ich ein halbes Jahr später noch eine weitere Ausbildung, „Engel-Healing". Während dieser Ausbildung merkte ich sofort, ja, das ist es. Ich hatte sofort den Zugang zu den Engeln, zu der Arbeit mit Jesus Christus und Mutter Maria, mit aufgestiegenen Meistern, konnte alles sehen und fühlen und war rundum glücklich. Ich wusste, ja, damit kannst du arbeiten.

Heute bin ich froh, mehrere Ausbildungen gemacht zu haben, denn so kann ich alles miteinander verbinden. Ich benutze die Prana-Heilung, wenn ich Energien austeste, mithilfe der Quantenheilung entferne ich hauptsächlich negative Energien und mit der Engel-Heilung mache ich (fast) alles andere.

Wenn ich fast sage, dann gibt es da noch etwas anderes, mit dem ich arbeite, und das ist etwas, wofür ich kein Seminar besucht habe, etwas, was mir im Grunde niemand beigebracht hat.

Das ist die Arbeit mit den verschiedensten Wesenheiten, die sich in unserer Aura und in unseren Chakren festsetzen.

Wesenheiten, die sich zum Teil selbst bilden, aus unseren Worten und Gedanken und Emotionen heraus, Wesenheiten, die selbständig agieren und denken können. Und es gibt Verstorbene, deren Seelen aus den verschiedensten Gründen immer noch auf unserer Erde verweilen, nur durch einen hauchdünnen Schleier von den Lebenden getrennt.

Diese Wesenheiten sind dazu in der Lage, uns psychisch und physisch zu manipulieren. Doch dazu werden Sie in späteren Abschnitten dieses Buches mehr erfahren.

Energiearbeit mit Engeln und aufgestiegenen Meistern

Meine Arbeit mit der geistigen Welt erfüllte mich vollkommen. Anfangs mussten meine Freunde sich zur Verfügung stellen. Als Probeprojekte sozusagen. Sie hatten soviel Vertrauen in mich, dass sie keine Probleme damit hatten, mich in ihr Innerstes sehen zu lassen. Erst nach mehreren Monaten wagte ich mich dann auch an fremde Kundschaft.

Ich machte Meditationen, Energiearbeit, Familienaufstellungen, und gleichzeitig führte ich monatlich einen Lichtkreis, bei dem wir gemeinsam beteten und meditierten.

Immer waren aus den geistigen Bereichen viele Wesenheiten anwesend. Jesus Christus, Mutter Maria, sowie auch Engel und Elfen, waren fast immer dabei. Während der Energiearbeit kamen dazu häufig noch Verstorbene vorbei. Verstorbene, deren Seelen bereits ins Licht gegangen waren, und die eine ganz enge Beziehung zu meinem Kunden hatten. Immer zeigten sie sich so, dass man ganz genau wusste, wer sie waren.

Stets zeigten sie sich in ihrer menschlichen Gestalt. Sie trugen Kleider, in denen sie bereits auf Fotos in den Wohnungen der Kunden abgelichtet waren. Sie trugen die gleiche Frisur, hatten die gleiche Haarfarbe wie auf diesen Fotos, und sie hatten die gleiche Gestalt. In dieser Art haben sich Verstorbene bis heute immer bei mir gezeigt. Allerdings immer nur während der Behandlungen.

Eine Kundin bekam bei jeder Behandlung immer wieder Besuch von ihrem Großonkel. Er zeigte sich mir stets als junger Mann, groß, sehr schlank, mit einem schmalen Gesicht.

Er war Soldat im 1. Weltkrieg. Jedes Mal, wenn er kam, trug er seine Uniform. Ein Foto, auf dem er ganz genau so ausgesehen hatte, hing in ihrem Flur an der Wand. Ein Foto, auf dem sein schmales Gesicht in die Kamera lächelte, in Uniform, neben zwei Kameraden stehend.

Eine Dame wurde immer wieder von ihrem verstorbenen Ehemann überrascht. Er war stets plötzlich da, setzte sich in einen Sessel und sah einfach nur zu, ohne etwas zu sagen. Bis auf einen Tag. Während einer Familienaufstellung zeigte er mir, was er gerade tat. Ich sah ihn vor einem Campingwagen stehen. Er trug Wanderkleidung und stand auf einer satten grünen Wiese in einer wunderschönen Landschaft. Hinter ihm ragten Berge in den Himmel, die Sonne schien auf ihn herab, und er sah glücklich aus.

Als ich seiner Frau dieses Bild beschrieb, weinte sie und sagte, dass sie immer vorhatten, mit einem Campingbus nach Norwegen zu fahren. Genau dorthin, in die Berge. Leider hatten sie nie Zeit, sich diesen Traum zu erfüllen.

Ist es nicht ein wunderbares Gefühl zu wissen, dass unsere Verstorbenen im Jenseits ein eigenes Leben führen können, dass sie ihre Lieben hin und wieder besuchen dürfen, und das machen dürfen, wovon sie ihr Leben lang geträumt haben? Dass sie das, was sie im Leben auf Erden nicht mehr geschafft haben, im „Himmel" zu Ende führen dürfen?

Reise
in die Vergangenheit

Eines Tages lud mich eine Freundin zu einer schamanischen Reise ein. Gemeinsam mit einigen anderen Frauen traf sie sich regelmäßig bei einer Schamanin, mit deren Hilfe sie die Verbindung zu ihren Krafttieren aufnahmen, um dann, gemeinsam mit ihnen, Reisen in die Vergangenheit durchzuführen.

Das hörte sich für mich sehr interessant an, da ich bei den Meditationen, die ich in meiner Meditationsgruppe durchführte, schon seit einiger Zeit ein Problem hatte. Immer dann, wenn die Leiterin der Gruppe z.B. sagte: „Ihr befindet euch nun auf einer grünen Wiese", oder „Vor euren Augen breitet sich ein bunter Blütenteppich aus", sah ich vor meinem inneren Auge ein hohes Bergmassiv aus schroffem Gestein. Ein sehr schmaler Weg wand sich steil um dieses Gebirge herum. Auf diesem schmalen Steig befand ich mich immer und immer wieder, bei jeder Meditation. Ich musste aufpassen, nicht hinunterzufallen, denn auf der gegenüberliegenden Seite ging es steil hinab.

Niemals kam ich weiter, immer nur bis zu dieser Stelle. Doch ich wollte wissen, was sich hoch oben auf dem Berg befand, und was der Grund für diese ständigen Visionen war.

Bevor wir unsere schamanische Reise begannen, konnte jeder der Teilnehmer sagen, was er während seiner Reise unternehmen oder welches Problem er lösen wollte. Ich schilderte also mein Problem und sagte, dass ich gerne mehr über den Berg erfahren möchte, dass ich wissen möchte, was hinter all dem steht, und warum ich ständig dieses Bild vor Augen habe, mich aber nicht traue, auf dem schmalen Weg weiter den Berg nach oben zu gehen. Während die Schamanin auf ihrer Trommel den Takt schlug, machten wir uns auf die Suche nach unserem Krafttier, das uns auf unserer Reise begleiten sollte. Ich fand mein Krafttier in einem blauen Schmetterling, der seine Form immer wieder veränderte, von Schmetterling zu Elfe, von Elfe zu Schmetterling.

Doch ich traf nicht nur mein Krafttier, sondern auch meinen Geistführer. Dieser erschien in Form meines Großvaters. Es war bereits das zweite Mal, dass mein Opa sich mir als mein Geistführer zeigte, und er sollte das in Zukunft noch viel häufiger tun, wie sich herausstellte.

Ich erklärte den beiden mein Anliegen, sagte ihnen, ich wollte wissen, was sich dort oben auf dem Bergmassiv befände. Ich wollte endlich ergründen, warum ich während meiner Meditationen, immer auf diesem schmalen Grat stehen musste, ohne jemals weiterkommen.

Was ich während der schamanischen Reise erlebte, war Folgendes:

Mein Geistführer fragt mich, ob ich auch wirklich bereit sei, diese Reise anzutreten. Als ich bejahe, nehmen mich beide an die Hand und fliegen mit mir zu diesem Bergmassiv, auf dem ich mich so oft habe stehen sehen. Wieder stehe ich auf diesem schmalen Grat. Doch dieses Mal bin ich nicht alleine. Mein Geistführer und mein Schmetterling halten mich an den Händen.

Es ist fürchterlich hoch, und wenn ich hinunter sehe, wird mir schwindelig. Es geht ganz steil bergab ins Nichts.

Mein Geistführer sagt mir, wir müssten jetzt in diesen

Abgrund hineinspringen, was ich absolut nicht möchte. Doch sie fassen mich fester an den Händen und ziehen mich mit sich in die Tiefe. In meinem Bauch zieht sich alles zusammen, es geht so tief hinab und wir stürzen so schnell dem Boden entgegen.

Plötzlich ist der freie Fall zu Ende, und wir fallen in Wasser hinein, in sehr tiefes Wasser. Ich halte die Luft an, meine Lungen schmerzen, bis mein Geistführer mir sagt, dass ich auch unter Wasser atmen könne, ich bräuchte die Luft nicht anzuhalten, aber, so sagt er, wir müssten jetzt bis zum Grund tauchen, denn erst dort würde unser Weg weitergehen.

Wir sind angekommen. Vor uns befindet sich so etwas ähnliches wie eine Grotte. Außen befindet sich Wasser, innen ist trockener Boden. Wir gehen durch schmale Gänge, die steil nach oben führen. Ganz plötzlich ist der Weg zu Ende. Wir erreichen einen in Stein gehauenen Raum. Überall in diesem Raum befinden sich Gefängniszellen, eingelassen in den steinernen Wänden. In jeder Zelle mehrere Leichen, manche übereinander gestapelt, manche von ihnen noch an den Wänden festgekettet. Ein fürchterlicher Gestank ist hier, der Geruch nach Leichen, nach Schmutz und nach Angst.

Wir gehen weiter. Eine Steintreppe führt uns weiter nach oben. Hier befindet sich ein weiterer Raum, auch hier Gefängniszellen in den Wänden, Gefängniszellen auch im Boden. Es ist fast wie im unteren Raum, doch ist es hier noch viel schlimmer. Neben vielen Toten finden sich hier auch noch viele Lebende, schreiend vor Schmerz, vor Hunger, vor Elend und vor Angst. Der Geruch hier ist unerträglich. Diese Menschen tun mir so leid. Wie kann es Menschen geben, die anderen so etwas antun. Niemand hat es verdient, so erniedrigt und so gequält zu werden. Niemand sollte so ein Martyrium ertragen müssen.

Es ist so schrecklich, doch wir können ihnen nicht helfen. Nicht in diesem Moment. Wir müssen weiter. Wieder müssen wir über eine steile Steintreppe laufen. Immer höher geht es hinauf. Auch hier sind Kerker in die Wände eingelassen, auch hier befinden sich teils lebende, teils tote Menschen hinter Gitterstäben. Und alle schreien so laut.

Unser Weg führt uns ganz nach oben, bis wir in einer Art Burg ankommen. Wir laufen durch einzelne Räume, durch lange Flure und erreichen schließlich ein Plateau. Dorthin führt uns unser Weg. Ich sehe Soldaten. Sie tragen blaue Uniformen und Dreispitzhüte, wie sie während der französischen Revolution von 1789 - 1799 getragen wurden. Sie kämpfen mit Schwertern gegeneinander, wohl nur um zu üben, wie es aussieht.

Direkt vor unseren Augen zerrt einer der Soldaten eine Frau an den Haaren hinter sich her, ein Messer an ihre Kehle haltend. Sie ist eine der Gefangenen. Ich frage meinen Geistführer, wer von den beiden ich sei, der Soldat, der so schlimme Dinge tut, oder aber die Frau, die sich in seiner Gewalt befindet.

Mein Geistführer antwortet: „Du bist diese Gefangene, aber auch alle Gefangenen. Es war wichtig für dich, all diese Dinge zu sehen. Du wirst nicht gleich den Zusammenhang erfahren, aber irgendwann, ganz in deinem Tempo, wird die Zeit gekommen sein, und du weißt, was zu tun ist."

Nach diesen Worten gehen sie mit mir an den Rand des Plateaus. Sie ergreifen beide wieder meine Hände, und dieses Mal fliegen sie, gemeinsam mit mir, den Berg hinunter, fliegen an dem schmalen Bergsteig vorbei bis hin zu dem Platz, an dem ich beide am Anfang getroffen habe.

Ich verabschiede mich bei den beiden, danke ihnen für ihre Hilfe und begebe mich zu meinem Kraftplatz, an dem meine Reise begonnen hat.

Seit dieser Reise in die Vergangenheit, seit meiner Reise in die französische Revolution, kann ich wieder ganz normal meditieren. Ich befinde mich seitdem wieder auf bunten Blumenwiesen und nicht mehr auf kargen Bergsteigen, was sehr angenehm und befreiend ist.

Ich konnte nach einigen Jahren aber auch den ganzen Sinn erfassen. Ich durfte erfahren, weshalb ich all dies sehen musste.

Vor einigen Jahren nämlich, habe ich mich noch einmal in diese Kerker begeben. Gemeinsam mit meinen beiden Engeln, habe ich diese Gewölbe aufgesucht, um all die Toten, die sich noch immer dort unten in diesen schrecklichen Gefängnissen aufhielten, ins Licht zu führen. Nun haben sie ihren Frieden, ihre Leiden sind zu Ende.

Danke an meinen Geistführer und an mein Krafttier, dass sie mich darauf aufmerksam gemacht haben.

Das Wirken unserer Seele

Wir alle haben bereits viele Inkarnationen hinter uns. Wir waren mal Mann, mal Frau, wir haben schöne und weniger schöne Dinge erlebt; Liebe und Hass, Reichtum und Armut, Krieg und Frieden, Hungersnöte und Zeiten des Überflusses; wir waren mal Täter und mal Opfer, haben geliebt, gehasst, Leben geboren und genommen. Das alles hat Spuren hinterlassen in unserer Seele, der Seele, die uns seit Anbeginn unseres Menschseins begleitet, die den göttlichen Funken in sich trägt, die unsterblich ist, eng verbunden mit Gott unserem Schöpfer, mit unserem Hohen Selbst, mit unseren Geistigen Führern. Unsere Seele, die das ganze Wissen unserer vielen Inkarnationen in sich trägt und alle Informationen von Freude und Leid in sich gespeichert hat, ist allwissend. Sie kennt alle Zusammenhänge des Universums, und sie kennt alle Zusammenhänge unseres Lebens, von den Anfängen unserer Existenz an. Sie trägt das Wissen aus all unseren Inkarnationen in sich.

Das dringendste Bedürfnis unserer Seele ist Frieden, Ruhe und Zufriedenheit. Sie nimmt alle Eindrücke als Schwingung wahr; unser Denken, unser Fühlen, die Schwingung anderer Menschen und auch die Schwingung unseres Unterbewusstseins. Angenehme Schwingungen vermitteln der Seele Leichtigkeit, Freude und Frohsinn; schlechte Eindrücke vermitteln ihr eine dumpfe, Blockaden hervorrufende Schwingung, die unsere Seele blockiert und sie traurig und schließlich krank macht.

Die Seele weiß außerdem um unseren Lebensplan. Sie weiß um den Plan, den jede Seele vor Antritt in ein erneutes Leben geschmiedet hat, und sie will auf jeden Fall, dass dieser Lebensplan eingehalten wird, denn das ist ihre Aufgabe.
Gemeinsam mit unseren Geistigen Führern legten wir einst fest, wie unser zukünftiges Leben aussehen soll:

- Wie sollen unsere Eltern sein. Was sollen sie repräsentieren, um uns bei der Einhaltung unseres Lebensplans zu unterstützen?
- Möchten wir Geschwister haben oder lieber Einzelkind sein?
- Mit welchen Seelen aus unserer Seelenfamilie wollen wir zusammenkommen, und wie wollen wir mit ihnen zusammenkommen; als Familie, als Freunde oder als Kollegen?
- In welchem Land möchten wir leben, in welcher Kultur, in welchem Zeitalter?
- Welchen Bildungsgrad möchten wir erreichen?
- Welches sollen unsere körperlichen Merkmale sein?
- Welche Lernaufgaben wollen wir machen?
- Welches soll unsere Hauptaufgabe in diesem Leben sein?

Das größte Geschenk Gottes an uns Menschen ist unser freier Wille. Wir Menschen können bestimmen, was wir tun, auch wann wir es tun und mit wem wir es tun. Wir Menschen sind auf die Erde gekommen, um möglichst viele Erfahrungen zu machen, um gute und auch um nicht so gute Dinge zu erleben, wir wollten die Polarität erfahren, in ihrer ganzen Bandbreite, und wir wollten das Spiel unseres Lebens nach unseren eigenen Spielregeln spielen.

Vor unserem Eintritt ins neue Leben haben wir trotzdem nur den einen Wunsch: Unsere Aufgaben hier auf Erden zu erfüllen. Denn unser größter Wunsch ist es, ganz nahe bei Gott zu sein. Das schaffen wir nur, wenn wir unseren Weg so gehen, wie wir ihn zuvor festgelegt haben.
Befinden wir uns aber nun hier auf Erden, in der

Polarität, dort wo es nicht nur das Gute gibt, werden wir von allen Seiten manipuliert.

Das fängt bereits bei unseren Eltern an, die uns vorschreiben, wie wir zu sein haben. Weiter geht es in der Schule, in der Ausbildung, im Beruf. Sehr stark ist die Manipulation auch durch die Medien. Werbung und Musik manipulieren uns unterschwellig. All dies beeinflusst unser Denken und Fühlen. Haben wir anfangs noch klare Gedanken, wissen wir irgendwann nicht mehr, welche Ziele wir uns in diesem Leben gesetzt haben, noch, dass wir überhaupt welche hatten. So werden wir im Laufe unseres Lebens immer weiter von unseren Aufgaben auf Erden abgebracht.

Die Dinge, die ein jeder von uns auf Erden lernen soll, sind bedingungslose Liebe zu allen Geschöpfen auf Erden, Eigenliebe und Vertrauen. Doch gibt es auch noch ganz spezielle Lebensaufgaben, welche uns in eine ganz spezielle Richtung lenken sollen.

In diesen Tagen z.B., während ich dieses Buch schreibe, starb der schwarze Amerikaner George Floyd bei einem Polizeieinsatz. Ein weißer Polizist drückte ihm minutenlang sein Knie auf den Hals, bis George Floyd schließlich verstarb. Tausende von schwarzen und weißen Menschen protestieren zurzeit auf der ganzen Welt gegen Rassismus. Dieser Vorfall, so schrecklich er ist, kann ganze Nationen aufrütteln, gegen Rassismus, für das freie Leben aller Menschen, egal welche Hautfarbe oder Nationalität sie haben.

George Floyd hat seine Lebensaufgabe erfüllt, er hatte sich damals, vor Eintritt in sein neues Leben dazu bereit erklärt, diese Rolle zu spielen, damit es zu einem neuen Denken in der Welt kommen kann. Ob die Menschheit das annehmen wird, ist heute noch nicht zu sagen, das wird die Zukunft zeigen, aber es wurde ein Grundstein gelegt zu einer besseren Gesellschaft.

Doch nicht nur George Floyd hat sich seiner Lebensaufgabe gestellt, auch der Täter, der weiße Polizeibeamte, der für seinen Tod verantwortlich war, hat damit seine Lebensaufgabe erfüllt. Er hatte sich damals, vor Eintritt in dieses Leben, dazu bereit erklärt, die Rolle des Täters zu spielen, mit allen Konsequenzen, denn ohne Täter kein Opfer. Ohne seinen Einsatz in diesem Spiel des Lebens würde es diese Demonstrationen und die Chance auf eine bessere Welt nicht geben.

Das ist ein Beispiel dafür, dass auch vermeintlich Schlechtes unsere Lebensaufgabe sein kann, solange es einem guten Zweck dient. Doch leider geschehen auch Dinge, die so im göttlichen Plan nicht vorgesehen sind.

Durch die Polarität hier auf Erden, bedingt durch „Gut" und „Böse" und durch den freien Willen, den Gott uns gegeben hat, steht es uns frei, unsere gute oder auch unsere schlechte Seite anzunehmen und auszuleben. Dieses nutzen niedrig schwingende Wesenheiten hier auf Erden, um uns Menschen zu manipulieren.

Das sind zum einen „Erdgebundene Seelen", die ständig versuchen, uns ihren Willen und ihre Gefühle aufzuzwingen, damit wir Menschen das, wozu sie selbst aufgrund ihrer Körperlosigkeit nicht mehr in der Lage sind, durchführen. Ihre Wut, ihren Hass, ihre obskuren Gedanken projizieren sie in die Lebenden und verführen sie dazu, diese Dinge für sie auszuführen. Sie benutzen zumeist schwache und auch machtgierige Personen, da diese es ihnen besonders leicht machen.

Doch auch Wesenheiten aus anderen Planetensystemen

bevölkern unsere Erde, auch sie manipulieren uns Menschen. Im Weltall gibt es Tausende und Abertausende von Planeten, die bewohnt sind, teils von Wesen, die so hoch in ihrer Schwingung sind, dass sie nicht mehr aus fester Materie bestehen und keinen physischen Körper mehr benötigen. Auf diesen Planeten ist die Schwingung so hoch, dass es dort keine Negativität gibt. Alles, was dort geschieht, geschieht in der bedingungslosen Liebe. Und dann gibt es dort Wesenheiten, die ebenso in der Polarität leben wie wir, bei denen es auch Kriege gibt und Verbrechen, genau wie hier auf unserer Erde. Wesenheiten, die unsere Erde sehr attraktiv finden, denn die Erde ist der einzige Planet, auf der es diese unvergleichbare Natur mit Bergen, Meeren und Seen, diese Artenvielfalt in Fauna und Flora gibt, und gleichzeitig eine Vielzahl von Bodenschätzen.

Das alles wirkt sehr attraktiv auf die Bewohner anderer Planetensysteme. So eine Vielfalt gibt es dort nämlich nicht, was dazu geführt hat, dass sich schon seit mehreren Jahrzehnten Wesenheiten aus anderen Planetensystemen auf die Erde begeben haben, um hier zu leben.

Auch diese Wesenheiten versuchen uns von unserem geraden Weg abzubringen, denn ihr Bestreben ist es, Macht über uns Erdenbewohner zu erlangen.

Unsere geistigen Begleiter, unsere Schutzengel und Geistführer und auch unsere Seele versuchen immer wieder uns auf den rechten Weg zu bringen, doch leider hören wir ihnen nicht zu, sie sind zu leise oder wir zu laut im großen Getümmel unseres Egos, sodass wir sie nicht wahrnehmen können oder wollen. Ständig versuchen sie, uns vor diesen Verstrickungen hier auf Erden zu warnen, doch wir sind so sehr in uns selbst gefangen, haben so wenig Zeit und Lust ihnen zuzuhören.

Um uns zu helfen, hat unserer Seele es sich nun zum Ziel gemacht, all diese Abläufe zu überwachen und uns immer dann zu helfen, wenn wir von unserem vorgezeichneten Weg abkommen. Doch leider machen wir es unserer Seele nicht immer leicht.

Das Märchen von der größten Macht im Universum

Ein altes Märchen erzählt von einem Streit der alten Götter, die darüber entscheiden wollten, wo sie ihr Erbe an die Menschen, nämlich die größte Kraft des Universums, die göttlichen Wahrheiten und Weisheiten, verstecken sollten, damit sie der Mensch nicht eher finden konnte, bevor er reif dazu sei, diese zu verstehen und verantwortungsvoll zu gebrauchen.
Ein Gott schlug vor, alles auf der Spitze des höchsten Berges zu verstecken. Aber die Götter erkannten sehr schnell, dass der Mensch mit seinem Tatendrang den höchsten Berg bald ersteigen und dort das Erbe der Götter bald finden würde, lange bevor er reif dafür sei, es zu verstehen und richtig einzusetzen.
Ein anderer Gott meinte: „Gut, dann lasst uns das Erbe an die Menschheit doch auf dem Erdboden des Meeres verstecken." Aber wieder erkannten die Götter, dass der Mensch früher oder später auch diese Region erforschen und ihr Erbe finden würde, lange bevor er reif dazu sei,

es zu verstehen und richtig einzusetzen.

Schließlich sagte der weiseste aller Götter: „Ich weiß, was zu tun ist, lasst uns das Erbe doch tief in der Seele des Menschen selbst verstecken. Er wird lange nicht danach suchen, da er viel zu sehr mit sich selbst und mit den materiellen Dingen seines Lebens wie Geld, Auto, Haus, Urlaub beschäftigt ist und es sich gut gehen lässt, und auf der anderen Seite mit Missgunst, Neid, Intrigen, Krieg, seinen Krankheiten und allen möglichen Problemen beschäftigt ist.“

Darum wird er unser göttliches Erbe erst dann finden, wenn er wirklich reif genug ist, den Weg nach Innen zu gehen. Und so versteckten die Götter ihr Erbe tief in der Seele von uns Menschen selbst. Und da liegt es noch immer … und wartet darauf, dass wir Menschen endlich die äußere Welt loslassen und den Weg nach Innen gehen, und wenn wir reif genug sind, werden wir tief in uns diese Geschenk der Götter, nämlich die größte Kraft des Universums, die göttlichen Weisheiten und Wahrheiten und die universelle Heilkraft finden. Glückliche und tiefe Liebe, Ruhe, innerer Frieden und Gesundheit wird dem gegeben sein, der weisen Gebrauch davon macht.

Orientalisches Märchen

Unsere Seele ist allwissend. Sie weiß ganz genau, was wir brauchen, um ein rundum glückliches und erfülltes Leben führen zu können. Doch leider verstehen wir unsere Seele meistens nicht so richtig … oder wollen sie nicht verstehen, und leider hat unsere Seele nicht so viele Möglichkeiten, sich verständlich zu machen.

Schließlich weiß sie sich nicht anders zu helfen, als unserem Körper Botschaften zu senden, zuerst durch Unwohlsein, dann durch kleinere Krankheiten, zum Schluss kommt es irgendwann zu größeren Problemen und Krankheiten in Körper und Gehirn. Der Seele ist alles zuviel, sie kann einfach nicht mehr.

Wenn deine Seele weint, aber dein Mund schweigt ...
dann spricht bald der Körper durch Krankheit zu dir.
Unbekannter Autor

Und in einem der Gedichte Ulrich Schaffers heißt es:

„Geh du vor", sagt die Seele zum Körper.
„Auf mich hört er nicht, vielleicht hört er auf dich."
„Ich werde krank werden, dann wird er Zeit für dich
haben",
sagt der Körper zur Seele.

Unser Unterbewusstsein, das Tor zur Seele.

Wir Menschen sind gefangen in den Geschehnissen unserer Vergangenheit.
In den Verletzungen, den Erniedrigungen, den Beschimpfungen und dem Schmerz, den wir im Laufe unseres jetzigen Lebens und auch in früheren Inkarnationen erfahren mussten.
Wie wir wissen, bilden Körper, Geist und Seele eine Einheit. Worüber wir nachdenken wie wir fühlen, hat immense Auswirkungen auf unser körperliches und

seelisches Befinden. Unser bewusstes und unbewusstes Denken, sowie unsere Gefühle, werden in unserem Unterbewusstsein und somit auch in unserer Seele abgespeichert.

Natürlich hat unser Unterbewusstsein auch die schönen Dinge des Lebens in sich aufgenommen, auch die schönen und lustigen Dinge sind fest in ihm verankert. Doch wir müssen schon zugeben, dass die Dinge, die wir mit „schlecht" bewerten, den weitaus größeren Teil in Anspruch nehmen, und leider sind diese „schlechten" Dinge die, die unsere Seele und schließlich unseren Körper erkranken lassen.

Beides zusammen, die schönen und die nicht so schönen Dinge, wirken wie die beiden Schalen einer Waage. Doch meistens ist es so, dass die als negativ bewerteten Dinge wesentlich mehr Gewicht haben, als die schönen Dinge, die wir erlebt haben, und somit hängt die eine Waagschale des Lebens meist tiefer als die andere.

> *Willst du den Körper heilen,*
> *musst du zuerst die Seele heilen.*
> *Platon*

Unsere Seele benutzt den Körper als Sprachrohr, weil wir die Rufe unserer Seele meistens nicht hören können. Sie bittet immer wieder um Aufmerksamkeit. Doch leider wird sie selten gehört, denn wir Menschen sind ständig beschäftigt. Wir haben keine Zeit unserer Seele zuzuhören, sind wir doch ständig von äußeren Reizen umgeben.

Fernsehen, Radio, ständige Gespräche mit anderen Menschen und auch mit uns selbst; mit unseren ständig kreisenden Gedanken, unserer ständigen Wut auf die anderen und auf uns selbst.

Ein Übermaß von allem ist immer ein Hilferuf der Seele. Ein Schrei nach Anerkennung, ein Schrei nach Liebe. Dabei ist es ganz egal, womit wir versuchen, unsere Seele zu beruhigen, ob es ein Zuviel an Essen ist, Alkohol, Drogen oder ob wir im Übermaß einkaufen gehen. All das sind Dinge, mit denen wir unsere Seele ruhig stellen wollen.

Dabei belügen wir uns selber. Oft trauen wir uns nicht, nach innen zu sehen, es könnte ja zu schmerzhaft sein, oder aber, wir haben Angst vor dem, was wir dort sehen könnten, weil wir es mit Verhaltensweisen zu tun haben, die uns sagen: „Du bist nicht gut genug."

Werden wir mit Dingen konfrontiert, die unserer Seele zu viel werden, mit Dingen, die sie so schnell nicht verarbeiten kann, spaltet sie diese ab, speichert sie ganz tief in unserem Unterbewusstsein, um sie erst dann hervorzuholen, wenn wir Menschen es ertragen können, und so manches Mal, bleiben diese Dinge für die Ewigkeit in unserem Unterbewusstsein vergraben.

Wir nehmen sie mit in unser nächstes Leben, mit hinein in die neue Inkarnation.

Abgespaltene Seelenanteile und deren Aspekte

Ganz schlimme Dinge, die uns widerfahren sind, spaltet unsere Seele sogar ganz von uns ab, einfach aus dem Grund heraus, weil sie zu schmerzhaft für uns waren.

Weil wir Dinge wie Missbrauch, körperliche und seelische Gewalt, die wir durch andere erfahren haben, aber auch schlimme Dinge, die wir selbst anderen angetan haben, nicht verkraftet hätten, hat unsere Seele sich aufgespalten, hat diese schlimmen Dinge quasi woanders zwischengelagert, meistens in unserem Unterbewusstsein.

So kann es aber auch sein, dass abgespaltene Seelenanteile des Opfers sich beim Täter befinden, oder das Opfer Seelenanteile des Täters in seiner Aura trägt. Unsere Seele möchte vollständig sein, das ist ihr Bestreben, denn nur dann kann sie richtig funktionieren, zu unserem Wohle und zum Wohle der Gesamtheit. Doch wie kann sie das, wenn sie in so viele Einzelteile zersplittert ist.
Dadurch, dass diese Seelenanteile ein Teil von uns sind, dadurch, dass sie fest mit uns verbunden sind – auch wenn wir es vom Verstand her nicht wissen und nicht wahrhaben wollen - fechten wir ständige Kämpfe mit uns selbst aus. Diese Kämpfe zeigen sich uns in Unsicherheit, in Zweifeln, in unklaren Gedanken. „Soll ich jetzt Dieses machen, oder Jenes." „Warum habe ich plötzlich so schlechte Gedanken?" „Das ist doch nicht mein Wesen." „Das bin nicht ich."

Dieser innere Kampf ist eine Auflehnung der niederen, der tief schwingenden, unerlösten Aspekte. Diesen Kampf spüren wir in uns, so lange wir diese Aspekte, diese Kinder von uns, nicht annehmen können oder wollen. Bekämpfen wir also unsere heimgekehrten Aspekte nicht, sondern empfangen sie mit offenen Armen.
Viele unterschiedliche Emotionen sind zurzeit in uns aktiv. Niemand möchte gerne neidisch und missgünstig sein, niemand möchte als schadenfroh oder kaltherzig erkannt werden. Doch auch diese Wesensarten haben wir

in früheren Inkarnationen gelebt. Auch so sind wir im Laufe unserer früheren Leben einmal gewesen. Wir sollten uns heute nicht deswegen schämen, wir sollten uns nicht für diese Wesensarten verurteilen.

Sie gehören zu uns, und je eher wir sie in Liebe annehmen und in uns integrieren können, je weniger wir uns deswegen schämen oder verurteilen, desto eher schaffen wir eine Einheit in uns.

Abgespaltene Seelenanteile, wo finden wir sie

Abgespaltene Seelenanteile, auch Aspekte von uns, finden wir nicht immer da, wo wir sie vermuten. Nicht immer sind sie nah bei uns, nicht immer in unserem Unterbewusstsein vergraben, sondern sehr oft haben wir sie aus lauter Verzweiflung weggeschickt, ganz weit weg, auf entfernte Inseln, auf fremde Planeten, ins Innere der Erde oder aber auch tief unten auf dem Meeresboden, möglichst so weit weg, dass sie für uns nicht mehr greifbar sind.

Wie kommen diese Aspekte nun wieder zu uns zurück? Zuerst sollten wir uns fragen: „Ist die Zeit bereits gekommen, oder sollten diese Aspekte vorerst noch im Verborgenen bleiben?"

Die Antwort darauf weiß nur unsere Seele. Für sie ist es wichtig, dass wir uns nicht überfordern und somit größeren Schaden anrichten. Deshalb zeigt sie uns immer nur Fragmente, die wir immer auch nur vereinzelt annehmen und integrieren sollten.

Stellen Sie sich die Frage „Was ist jetzt wichtig für mich, welcher meiner Aspekte hat den Wunsch zu mir zurückzukommen?" Nicht immer werden Sie wissen, welcher Aspekt genau welches Ereignis spiegelt, doch das ist nicht so wichtig, der Aspekt, der sich bei Ihnen zeigt, ganz egal, welches Ereignis der Auslöser für seine Abspaltung war, ist immer der Richtige.

Fühlen Sie in Ihre momentanen Gefühle hinein. Was ist es, das Sie jetzt, in diesem Moment brauchen, ist es Liebe, Vertrauen, Wertschätzung?

Wenn Sie erkannt haben, was Ihnen fehlt, und wenn Sie es dem entsprechenden Aspekt erlauben, sich Ihnen zu zeigen und sich von Ihnen angenommen und geliebt zu fühlen, können lange verdrängte Gefühle wieder aufleben. Gefühle können erwachen, die lange schon verschüttet waren, Gefühle der Freude, wenn Sie zuvor nur Dunkelheit gesehen haben, Klarheit, wo vorher Unklarheit war, Liebe, wo vorher Kälte im Herzen war.

Geben Sie Ihren Aspekten die Freiheit, zu Ihnen zurückkommen zu dürfen, geben Sie Ihnen all das an positiven Gefühlen, das Ihnen immer gefehlt hat. Schenken Sie Ihnen Liebe, Vertrauen und Glückseligkeit, und verzeihen Sie ihnen. Verzeihen Sie Ihren dunklen Aspekten, verzeihen Sie sich selbst. Dieses gilt für alle Inkarnationen, und es heilt Täter und Opfer.

Lösen Sie all diese Aspekte mit der Kraft Ihrer Liebe auf, lassen Sie sie erstrahlen in Ihrer Liebe, damit nehmen Sie ihnen alle Dunkelheit, alle Schuld, alle Boshaftigkeit. Zurück zu Ihnen kommt ein lichtvolles Wesen, das Ihnen Kraft und Stärke verleiht.

Bis sie all Ihre verloren gegangenen Seelenanteile

wiedergefunden und in sich integriert haben, kann es eine Weile dauern, Monate, Jahre, vielleicht auch Jahrzehnte, je nachdem, wie viele Aspekte in Laufe Ihrer Inkarnationen verloren gegangen sind. Haben Sie Geduld mit sich selbst und mit Ihren Aspekten.

Immer wieder kommt es in unserem Leben zu Spannungen, zu Gefühlen der Ablehnung, zu Wut, Ärger oder Hass, oft sogar innerhalb der Familie.
Oftmals wissen wir gar nicht, woher diese Gefühle kommen, die ganz besonders Personen in unserem näheren Umfeld betreffen. Da ist die Tochter, die ständig Streit mit der Mutter sucht, weil sie sich so gar nicht mit dieser identifizieren kann, oder Geschwister, die sich ständig schlimme Dinge an den Kopf werfen und gar nicht wissen, woher diese Gefühle der Ablehnung kommen.
Auch das sind Aspekte, die von uns angenommen werden wollen.
Wir müssen dabei wissen, dass nicht alle Gefühle aus unserem jetzigen Leben kommen. Durch unsere häufigen Inkarnationen, dadurch, dass wir uns in jedem Leben mit denselben Seelen aus unserer Seelenfamilie wiedertreffen, sind bereits viele Abneigungen schon dort entstanden.
Unsere Seele hat die Schmach, den Ärger und die Wut nicht vergessen und überträgt sie nun auf unserer heutiges Leben, denn schließlich haben wir nicht nur Leben gelebt, auf die wir stolz sein können.
Auch wir waren einst Täter, auch wir haben einst schreckliche Dinge getan. Diese Aspekte, die wir von uns gestoßen haben, von denen wir heute nicht mehr wissen wollen, dass wir auch sie einmal gelebt haben und dass sie zu uns gehören, revoltieren, weil wir sie nicht anerkennen wollen und sie damit gar nicht

einverstanden sind.

Gerade die Dinge, die uns bei anderen Menschen absto-
ßen, von denen wir uns provoziert fühlen, die wir belä-
cheln, oder auf die wir mit Unverständnis reagieren, sind
Dinge, die wir eigentlich nur verstecken wollen. Unbewusst zwar, aber wir tun es.
Durch Menschen, die diese Aspekte leben, wird immer
etwas in uns angestoßen. Wir fühlen uns provoziert oder
abgestoßen. Wir lachen jemanden nett und freundlich an,
doch der andere fühlt sich durch unser Lachen ausgelacht oder verhöhnt, denn er hat in einem früheren Leben
genau dieses falsche Lachen gelebt.
Natürlich geschehen diese Dinge unbewusst. Kaum jemand weiß, dass unsere Verhaltensweisen auch durch
frühere Leben hervorgerufen werden.
Allein ein besonderer Tonfall in der Stimme eines anderen Menschen, seine Mimik, seine besondere Art sich zu
bewegen oder sich auszudrücken, erinnert uns an gelebte
Dinge, die wir als Negativ in unserem Unterbewusstsein
abgespeichert haben. Dabei ist es völlig egal, ob damals
ein Mensch mit diesen Eigenschaften uns etwas angetan
hat, oder wir ihm.

Solange wir nun diese Aspekte, die uns in solchen Eigenschaften begegnen, nicht annehmen können oder
wollen, werden wir immer wieder mit ihnen zu tun haben. Aus diesem Grund werden uns immer wieder Personen begegnen, die diese Aspekte spiegeln. Hiermit
will uns unsere Seele sagen: „Auch das bist du. Auch das
ist ein Teil von dir, ob du es nun wahrhaben willst oder
nicht."
Natürlich ist es für uns sehr, sehr schwer, diese Dinge
anzunehmen, denn gerade diese Eigenschaften stören

uns ganz gewaltig, sind sie doch oft so dermaßen nerv-
tötend, erschreckend, oder auch abstoßend, dass wir uns
nicht vorstellen mögen, damit jemals etwas zu tun gehabt zu haben. Und diese Eigenschaften sollen wir in uns
integrieren? Geht doch gar nicht …

Wir sehen den erwachsenen Mann, der sich aufführt wie
ein Kleinkind, wir sehen den jähzornigen Menschen, der
ständig mit Worten oder Taten um sich schlägt, die neu-
gierige Nachbarin, die nervtötende Schwiegermutter,
den ständig alles kritisierenden Vater, den unterwürfigen
Sohn oder auch den allmächtigen Chef, und wir finden
diese Menschen einfach nur ätzend.
Niemals könnten wir uns vorstellen, auch diese Aspekte
in uns zu tragen, auch diese nervtötenden Eigenschaften
einmal gelebt zu haben. Doch leider ist es so.
All diese Eigenschaften, die uns heute so fürchterlich auf
die Nerven gehen, tragen wir in uns. Tief verborgen in
unserem Unterbewusstsein. Auch sie warten darauf, endlich von uns erlöst zu werden. In aller Liebe angenommen zu werden.

Auch hierzu habe ich eine kleine Übung für Sie, die Sie
vielleicht in einer ruhigen Minute einmal ausprobieren
möchten.
Suchen Sie sich einen Ort, an dem Sie nicht gestört werden. Setzen oder legen Sie sich ganz entspannt hin. Lassen Sie alle Gedanken los. Alle Belastungen des Alltags,
alle schweren Gedanken. Öffnen Sie Ihre Chakren, so
wie es in der Reinigungsübung am Ende dieses Buches
beschrieben ist, und verbinden Sie sich mit Gott Vater.
Überlegen Sie sich, welche Eigenschaft Sie nicht annehmen können oder wollen. Es kann eine Eigenschaft sein,
die Sie an sich selbst festgestellt haben, oder auch eine,

die Sie extrem an einer anderen Person stört oder belastet.

Vielleicht ist es eine Eigenschaft, die Sie beschämt oder erschreckt. Vielleicht fühlen Sie sich auch ganz furchtbar damit. Was auch immer es ist, auch diese Eigenschaft, auch diesen Aspekt, haben Sie in einem Ihrer früheren Leben gelebt.

Schauen Sie sich diesen Aspekt ganz intensiv an, schauen Sie in diese Situation hinein. Sprechen Sie diesen Aspekt an und erzählen ihm von Ihren Ängsten und Befürchtungen, sagen ihm aber, dass Sie bereit sind, ihn in Liebe anzunehmen.

Sagen Sie ihm, dass Gott und auch unsere Engel, alle Angst bereitenden Energien, alle Beschämungen, alle Schatten in ihm auflösen können, wenn er bereit dazu ist, denn nur dann, wenn Schatten in Licht umgewandelt wird, nur dann, wenn dieser Aspekt auch bereit ist, ihren Lebensweg mit Ihnen zu gehen, kann er in Ihnen integriert werden.

Sagen Sie ihm das in aller Ruhe und warten Sie auf seine Antwort …

Bitten Sie dann Gott Vater oder unsere Engel, je nachdem, zu wem Sie die größere Verbindung haben, alle Schattenanteile Ihres Aspekts in Licht umzuwandeln. Warten Sie 1-2 Minuten ab, und bitten Sie sie dann, diesen Seelenaspekt in Dankbarkeit und Liebe in Ihnen zu integrieren. Warten Sie noch einmal 1-2 Minuten und danken Sie dann Gott und den Engeln für ihre Hilfe.

Ganz egal, wie weit sich unsere Seelenanteile von uns entfernt haben mögen, auf irgendeine Weise sind wir seelisch immer noch mit ihnen verbunden, und das sogar über Inkarnationen hinweg. Wie wir in dem folgenden Fall sehen können, ist es wichtig, diesen Aspekten ihren Schrecken zu nehmen. Erst wenn wir sie erkannt, in lichtvolle Wesen umgewandelt und in Liebe angenommen haben, verlieren sie ihren Schrecken.

Einer meiner Klienten hat bereits seit seiner Kindheit Angst vor Wasser. Egal ob Meer, Fluss oder Schwimmbad, das Wasser macht ihm eine fürchterliche Angst. Während einer Energiearbeit stellte sich heraus, dass diese Angst sich aus einem Geschehnis, das bereits in einer seiner früheren Inkarnationen stattgefunden hatte, in seinem Unterbewusstsein festgesetzt hatte.

Während der Übung, die ich gemeinsam mit ihm gemacht habe, stellte sich heraus, dass er in einem früheren Leben, Opfer eines Haiangriffs wurde.
Nach einem Schiffsunfall trieb er, gemeinsam mit vielen anderen Schiffbrüchigen, für einige Zeit im Wasser. Bereits nach kurzer Zeit, näherten sich Haie den um ihr Leben kämpfenden Menschen, umzingelten sie und griffen dann an. Auch mein Klient starb unter Qualen und extremer Todesangst bei diesem Haiangriff.
Aus dieser extremen Todesangst heraus entschloss sich seine Seele, einen Teil von sich abzuspalten, ihn tief im Meer zu verstecken, um ihn möglichst ganz aus der Erinnerung verschwinden zu lassen. Das funktionierte womöglich auch eine ganze Zeit lang, bis auf die unerklärbare Angst vor Wasser, die in seinem Unterbewusstsein gespeichert war.
Nachdem mein Klient nun von diesem Haiangriff wusste und sein abgespaltenes Seelenteil wieder in seiner Seele integriert hatte, konnte er Wasser wieder mit anderen Gefühlen betrachten. Er näherte sich ihm langsam an,

und, obschon seine Angst nicht sogleich verschwand, nahm er sich vor, sich immer weiter seiner Furcht zu stellen und sich mit dem Element Wasser anzufreunden.

Vergebungsübung

Immer wieder kommt es in unserem Leben zu Gefühlen der Ablehnung, zu Wut, Ärger und sogar Hass. Wir können diese Gefühle oft nicht einordnen. Der Andere hat uns doch nichts getan, oder zumindest nichts Konkretes. Allein durch seine Anwesenheit geraten wir in Rage oder wir fühlen uns verletzt. Oftmals halten wir anderen Menschen Dinge vor, die Jahrzehnte lang zurück liegen, die wir aber einfach nicht vergeben können oder wollen.

Da ist dann eine Härte in uns, die wir eigentlich gar nicht in uns haben wollen, und doch ist sie da und lässt sich nicht von uns beherrschen, so, als hätte sie einen eigenen Willen.

Wir leiden oft unser ganzes Leben unter dieser Unnachgiebigkeit, fühlen uns aber nicht in der Lage, diesen Zustand zu verändern. Bis zu einem bestimmten Grad kann man diese Gefühle der Ablehnung, der Wut, Ärger oder sogar Hass wunderbar auflösen. Wenn man dazu bereit ist.

Während meiner Behandlungen löse ich diese meistens in einer Meditation auf, die ich Ihnen nun ans Herz legen möchte. Vielleicht lassen Sie sie sich von jemandem vorlesen oder nehmen sie selbst auf Band auf.

Suchen Sie sich einen Platz, an dem Sie ganz in alleine

sind, wo niemand Sie stört. Sie können sitzen oder liegen, das ist ganz egal.

Schließen Sie nun Ihre Augen und lassen alle Gedanken los. Alle Sorgen, aller Kummer, alle Belastungen können nun Ihren Körper und Ihren Geist verlassen. Mit jedem Atemzug fließen die Gedanken aus Ihnen heraus, um sogleich von Ihrem Schutzengel transformiert zu werden in klare, lichtvolle Energie.
Sie gleiten immer tiefer in die Entspannung hinein. Ihr Körper wird immer weicher, ihre Gedanken kommen zur Ruhe. Sie halten sie nicht fest, sondern lassen jeden Gedanken ziehen in den endlosen Raum.
Ihre Gedanken werden getragen von einer dahinziehenden Wolke, die sanft und klar ist. Lassen Sie alle Gedanken ziehen, halten Sie sie nicht fest.

In Ihrer Vorstellung begeben Sie sich nun auf eine grüne Wiese. Während Sie dahinschlendern, können Sie sehen, wie zahllose, kleine weiße Blumen aus der Wiese herauswachsen. Vor Ihren Augen entsteht ein weißer Teppich aus Blüten, und mit jedem Ihrer Schritte, breitet er sich mehr und mehr zu Ihren Füßen aus. Die ganze Wiese ist mit ihnen bedeckt. Kleine weiße Blumen.
So schlendern Sie einfach über die Blumenwiese. Die Sonne scheint vom Himmel auf Sie herab. Ganz sanft scheint sie auf Ihr Gesicht, und Sie werden immer ruhiger, immer zufriedener. Ganz sacht weht ein leichter Wind um Sie herum. Er ist so zart, dass er Ihre Haut streichelt und die Sonnenstrahlen ganz mild erscheinen lässt.

Während Sie weiterlaufen, sehen Sie plötzlich in einiger Entfernung einen kleinen Berg. Sie kommen ihm immer näher, und Sie wissen ganz genau, dass Sie diesen kleinen Berg erklimmen müssen, um zu Ihrem Ziel zu gelangen.

Ein kleines Stück müssen Sie noch laufen, und schon sind Sie am Fuße des Berges angekommen. Beschwingt und frisch machen Sie sich an den Aufstieg.

Ganz leichtfüßig laufen Sie den Berg hinauf, und schon bald können Sie die Spitze des Berges erkennen. Noch wissen Sie nicht, was Sie erwartet, doch Sie wissen, dass Sie diesen Weg auf sich nehmen müssen, um sich mit einigen Leuten, die Ihnen wichtig sind, zu versöhnen. In freudiger Erwartung schreiten Sie den kleinen Berg hinauf.

Sie haben es geschafft. Sie haben die Spitze des Berges erreicht. Sie befinden sich auf einem kleinen Plateau. Sie sehen eine wunderschöne große Kastanie auf diesem Plateau und an die Kastanie gelehnt, eine Bank. Vielleicht setzen Sie sich nun für eine kleine Weile hin und sehen, wie weit Sie gelaufen sind, was Sie bereits alles geschafft haben.

Sie sehen in die Weite, und noch während Sie die Wiesen und Felder am Fuße des Berges betrachten, sehen Sie einen riesengroßen goldenen Adler auf sich zufliegen.

Je näher der Adler kommt, desto besser können Sie ihn erkennen. Sie können sehen, wie wundervoll er aussieht mit seinem goldenen Gefieder. Jede einzelne Feder ist aus purem Gold.

Nur noch ein Flügelschlag, und der Adler landet direkt vor Ihren Füßen. Er lädt Sie ein, auf ihm Platz zu nehmen, und Sie steigen auf seinen Rücken. Machen Sie es sich ganz bequem. Setzen Sie sich hinter seine Flügel, und lassen Sie Ihren goldenen Adler losfliegen.

Ganz   ruhig   ist   der   Flug.   Mit   ganz   sanften

Schaukelbewegungen bewegt sich der Adler vorwärts. Unter Ihnen können Sie blühende Blumenfelder sehen, weite Felder, Seen und Flüsse. Alles sieht ganz klein aus, während Sie darüber hinwegfliegen.

Schon bald können Sie in der Ferne ein hohes Gebirge sehen, ein Gebirge mit herabstürzenden Wasserfällen und schroffen Felswänden. Immer näher kommen Sie nun dem Gebirgsmassiv. Genau dorthin geleitet Sie Ihr goldener Adler. Ganz sanft schwebt er mit Ihnen durch die Lüfte. Sie fühlen sich ganz leicht, vollkommen losgelöst von der Erde.

Der Adler ist auf dem Gipfel des hohen Gebirges angekommen. Er landet auf dem Dach des Berges, einem großen, mit ein paar Bäumen bewachsenen Plateau. Steigen Sie nun vom Rücken des Adlers herab, und laufen Sie durch die Bäume hindurch auf die Mitte des Plateaus zu. Nur noch ein kleines Stück müssen Sie laufen.

Vielleicht können Sie jetzt schon das große Lagerfeuer sehen. Das ist Ihr Ziel. Dort, an diesem großen Lagerfeuer, werden Sie bereits erwartet … Vom Wächter des Feuers, einem großen Indianer und von Ihren Ahnen, die Sie gleich bei Ihrem Tun unterstützen werden.

Sie haben das Lagerfeuer erreicht. Begrüßen Sie den Wächter des Feuers. Begrüßen Sie Ihre Ahnen. Setzen Sie sich mit Ihren Ahnen ans Feuer.

Vielleicht können Sie unter ihnen einige bekannte Gesichter erkennen oder vielleicht haben Sie auch einfach nur das Gefühl, einige von ihnen zu kennen. Lassen Sie sich von der Stimmung des Feuers gefangen nehmen.

Fühlen Sie sich in das Feuer hinein.
Fühlen Sie sich in Ihre Ahnen hinein.

Der Indianer bittet Sie, zu ihm zu kommen. Er fragt, wem Sie heute vergeben möchten, oder wer Ihnen etwas zu verzeihen hat.

Der Indianer errichtet zwei Kreise, die wie eine große Acht angeordnet sind. Um jeden Kreis errichtet er ein goldenes Feuer und bittet Sie, in einen dieser Kreise hineinzusteigen.

Steigen Sie nun in den Kreis, und überlegen Sie sich, wen Sie zuerst in den anderen Kreis einladen möchten; wem Sie zuerst vergeben oder wen Sie zuerst um Vergebung bitten möchten.

Nennen Sie dem Indianer seinen oder ihren Namen.

Der Indianer bittet nun diese Person in den anderen Kreis. Er lässt das goldene Feuer hochsteigen, bis über Ihre Köpfe. Trotz des Feuers können Sie sich gegenseitig genau erkennen. Sie sehen Ihrem Gegenüber in die Augen. Sehen Sie sich ihn oder sie ganz genau an. Sehen Sie seine Gefühle, seine momentane Stimmung. Falls Ihnen das zu schwierig ist, stellen Sie sich die Person, die Sie herbeigerufen haben, einfach nur in dem anderen Kreis der Acht vor.

Sagen Sie zu Ihr: „Es tut mir leid, wenn ich dich bewusst oder unbewusst, in diesem oder in früheren Leben verletzt habe. Ich bitte dich um Entschuldigung. Es tut mir unendlich leid. Gleichzeitig verzeihe auch ich dir hiermit all die Dinge, die du mir, bewusst oder unbewusst, in diesem oder auch in früheren Leben angetan hast."

Der Indianer nimmt die energetischen Schwingungen und wirft sie ins Feuer. Sie werden transformiert, in lichtvolle Energie umgewandelt und wieder zu Ihnen beiden zurückgeführt.

Vielleicht können Sie nun spüren oder sehen, wie sich Ihr Gegenüber fühlt. Bedanken Sie sich bei ihm/ihr und verabschieden Sie sich.

Bitten Sie den Indianer nun, die nächste Person in den Kreis zu schicken, und verfahren Sie hierbei genauso, wie Sie es zuvor getan haben … und ebenso bei weiteren Personen.

Wenn Sie das Gefühl haben, sich bei allen für Sie wichtigen Personen entschuldigt zu haben, dann bedanken Sie sich bei dem Indianer und bei Ihren Ahnen für Ihre Hilfe.

Das Feuer erlischt und ebenso verschwinden die Ahnen und auch der Indianer.

Treten Sie nun Ihren Rückweg an. Laufen Sie den Weg zurück, auf dem Sie hergekommen sind.

Vielleicht können Sie in der Ferne bereits den goldenen Adler sehen, der die ganze Zeit auf Sie gewartet hat. Laufen Sie ihm entgegen.

Wenn Sie bei ihm angekommen sind, setzen Sie sich auf seinen Rücken, und lassen Sie sich von ihm zurückbringen auf die wunderschöne saftige Wiese mit dem weißen Blütenteppich.

Laufen Sie noch ein kleines bisschen über die Wiese und kommen dann ganz sachte, so, wie es für Sie richtig ist, in die Gegenwart zurück. Öffnen und schließen Sie Ihre Hände, recken und strecken Sie Arme und Beine, dann den ganzen Körper, und vielleicht gähnen Sie noch einmal ganz herzhaft. Dann öffnen Sie Ihre Augen und befinden sich wieder ganz im Hier und Jetzt.

Sie können diese Meditation immer wieder anwenden, wenn Sie das Gefühl haben, mit nahestehenden Personen nicht gut zurechtzukommen. Sei es in der Familie oder auch im Beruf oder bei Problemen mit den Nachbarn. Wichtig ist allerdings immer, dass Sie es mit der

Vergebung auch ernst meinen. Dass Sie ernsthaft verzeihen wollen. Nur dann kann diese Zusammenführung einen Nutzen haben.

Leider kann es aber auch vorkommen, dass unsere Bitte um Vergebung nicht angenommen wird. Auch das kommt vor, wie in diesem Fall eines 17-jährigen Mädchens. Das junge Mädchen, unehelich geboren, sollte ihre Großeltern niemals kennenlernen.
Diese wollten die Schande eines unehelichen Kindes nicht und verstießen Tochter und Enkelkind aus der Familie. Auch ihren Vater hatte das junge Mädchen niemals kennengelernt. Seinen Namen hatte die Mutter mit ins Grab genommen.
Als sie fünfzehn Jahre alt war starb die Mutter, und das Mädchen kam in ein Heim. Alle Anfragen des Heims wurden von den Großeltern abgeblockt oder nicht beantwortet. Das junge Mädchen fühlte sich verraten, musste sie doch in einem Heim aufwachsen, obschon es eine andere Möglichkeit gegeben hätte.
Bei einer Vergebungsübung stellte sie sich selbst in einen Lichtkreis und bat ihre Großeltern in den anderen Kreis. Diese kamen auch, hielten sich an den Händen und betraten den zweiten Lichtkreis. Sie zeigten sich mit einer geradezu körperlich spürbaren, ablehnenden Haltung. Sie hörten sich an, was ihre Enkeltochter ihnen zu sagen hatte, waren aber nicht bereit, ihrer Tochter und somit der Enkelin, zu vergeben. Sie drehten sich um und gingen davon.
Auch das ist immer wieder möglich. Es gibt Menschen, die nicht bereit sind, Fehler einzugestehen; Menschen, die nicht bereit sind, zu vergeben oder Vergebung anzunehmen.

60

So auch in dem Fall einer circa 30-jährigen Frau, die jahrelang mit dem Missbrauch durch Vater und Großvater leben musste. Körperlich konnte sie dem zwar durch einen frühen Auszug aus der elterlichen Wohnung und dem Abbruch der Beziehungen, entfliehen, energetisch und seelisch war sie mit dem Geschehenen aber immer noch verbunden.

Bei einer Vergebungsübung bat sie zuerst ihren Großvater in den zweiten Lichtkreis, so dass er ihr gegenüber stand. Sie hüllte ihn ganz in Licht ein und sagte ihm, sie sei bereit, ihm seine Taten zu vergeben. All das, was er ihr angetan habe, würde immer noch auf ihrer Seele lasten, aber das wollte sie nicht mehr. Aus diesem Grund, sagte sie, möchte sie ihn bitten, ihre Vergebung anzunehmen. Der Großvater zeigte sich sehr beschämt, sagte, auch ihm tue es leid, dass er ihr all das angetan habe, und er würde gerne ihre Vergebung annehmen. Er würde gerne alles rückgängig machen, aber das ginge ja leider nicht. Als er dies gesagt hatte, löste er sich in einem weißen Nebel auf und verschwand. Die junge Frau wusste, das nun auch sie ihm vergeben konnte.

Nun rief sie ihren Vater in den zweiten Lichtkreis. Doch leider kam dieser nicht, er war nicht bereit, seine Schuld einzugestehen und wollte auch keine Vergebung für die Dinge, die er getan hatte, da er sie vollkommen normal fand.

Leider kommt es immer wieder vor, dass Täter kein Schuldempfinden haben, dass sie die Dinge, die sie anderen angetan haben, als vollkommen normal empfinden. Das ist dann traurig, aber man muss es erst einmal so hinnehmen.

Besetzungen

Fast jeder Mensch hatte es im Laufe seines Lebens schon einmal mit einer Besetzung zu tun.

Verstorbene, deren Seelen nach ihrem Tod nicht in die himmlischen Bereiche aufgestiegen sind, sondern sich weiterhin auf unserer Erde aufhalten, allerdings in einem Zwischenbereich, nur durch einen dünnen Schleier von den Lebenden getrennt, docken sich an unser Energiesystem an, in unsere Aura und in unsere Chakren.

Manche von ihnen hängen sich nur für kurze Zeit an uns, weil sie in ihrem früheren Leben an einer Sucht litten, eine Sucht, die dieser Mensch, an den sie sich nun hängen, befriedigt. Dieses können Alkohol, Zigaretten, Drogen, übermäßiges Essen u.s.w. sein.

All diese Eigenschaften ziehen „Erdgebundene Seelen" an. Dieses Andocken aber verhindert oder erschwert es nun wiederum diesem Menschen, von seinen Süchten loszukommen.

Ein Raucher wird immer wieder zur Zigarette, ein Trinker immer wieder zur Flasche greifen, solange eine „Erdgebundene Seele", die die gleichen Süchte bedient haben möchte, sich in seiner Aura aufhält.

Schafft es dieser Mensch allerdings trotz all dieser Widrigkeiten, sich von seiner Sucht zu befreien, wird er für die „Erdgebundene Seele" uninteressant, und diese sucht sich einen neuen Wirt.

Es gibt verschiedene Gründe dafür, dass die Seele eines Verstorbenen nach ihrem Tod nicht aufsteigen kann.

Grund 1: Ein zu schneller Tod, so schnell, dass die Seele nicht registriert hat, was mit ihrem Menschen geschehen ist.

Grund 2: Schuldgefühle. Die Angst, gesündigt zu haben und für immer in der Hölle gefangen sein zu müssen.

Grund 3: Der Verstorbene hat noch etwas zu erledigen. Er kann die Erde erst dann verlassen, wenn er das, was er noch erledigen muss, zu Ende gebracht hat.

Bei schnellen Todesfällen wie Unfällen, im Kriegsgeschehen, bei Überschwemmungen, Tötungsdelikten u.s.w. wurde der Verstorbene so schnell aus dem Leben gerissen, dass die Seele den Tod nicht registrieren konnte. Sie glaubt, weiterhin in ihrem alten Leben zu verweilen und führt in einem parallelen erdnahen Universum, nach ihren eigenen Vorstellungen, ihr früheres Leben weiter.

Durch unsere Erziehung, durch unseren Glauben an Himmel und Hölle, an ein Fegefeuer, in dem Sünder geläutert werden bevor sie in den Himmel kommen dürfen, und durch den Glauben, an einen strafenden Gott, der jeden Sünder aus dem Paradies hinaus wirft, wagen es viele Seelen nicht, ins Licht hineinzugehen. Sie verharren lieber weiterhin auf einer parallelen Erde, allein aus der Angst heraus, hart bestraft zu werden und in der Hölle oder im Fegefeuer zu landen.

Durch unseren festen Glauben an den Teufel, der sich jeden Sünder packt und für immer in die Hölle wirft, sind viele Sterbende vor Angst wie gelähmt und sind so für „Geistige Seelenfänger", wie ich sie nenne, sehr attraktiv.

Ganz wichtig ist für jeden Sterbenden: Die Hölle

existiert nur in unseren Köpfen. Gott hat ein Reich der Liebe und Gerechtigkeit erschaffen, dort gibt es keine Hölle und keine Bestrafung nach dem Tode. All das, sind Erfindungen der Kirchen, die sich die Menschen gefügig machen wollten.

Deshalb bitte, geht ins Licht, wenn es soweit ist. Lasst euch nicht von euren Ängsten dazu verführen, weiterhin auf dieser Erde, in einem parallelen Universum, zu bleiben; denn dort werdet Ihr Euer Leben so weiterführen, wie gehabt, mit Süchten, Armut, Krankheit sowie mit Gefühlen wie Trauer, Rache, Wut und dergleichen. Ihr werdet dann niemals frei und glücklich sein.

Auch diese Seelen befinden sich in einer vertrackten Situation. Sie sind ständig auf der Suche nach Menschen, die ihnen helfen können, ihre Probleme auf der Menschenebene zu lösen, da sie das als „Erdgebundene Seelen" nicht mehr können.

Leider gibt es nicht so viele Menschen, die Verstorbene sehen und verstehen können, und so heften sie sich irgendwann an die Fersen derjenigen, zu denen sie vor ihrem Tod eine starke Verbindung hatten, immer in der Hoffnung, dass diese sie und ihr Anliegen verstehen.

Oftmals sind es diese Seelen, die sich in der Aura ihrer geliebten, oder auch verhassten Menschen festsetzen und mit ihnen neu inkarnieren. Das heißt, nach dem Tod der Person, bleiben sie weiterhin nah bei ihm, um auch bei einer erneuten Inkarnation bei ihm sein zu können.

Diese „Erdgebundene Seele" wird sich dann wiederum in der Aura seines Menschen festsetzen, und so wird sie, wenn sie nicht durch eine Person, die sich auf das Ablösen solcher Geistwesen versteht, und die diese Seele ins Licht führt, ein weiteres Leben mit seinem Menschen verbringen.

.

Erdgebundene Seelen, so arm und geschunden sie auch sein mögen, ziehen uns Menschen die Energie ab, leben von unseren Süchten und nähren sie, so dass wir nicht oder nur sehr schwer von ihnen loskommen können. Sie manipulieren uns, setzen uns Gedanken in den Kopf, von denen wir letztendlich denken, es wären unsere eigenen; lassen Wut und Hass in uns aufkeimen, weil sie selber diese üblen und zerstörerischen Gedanken haben und machen uns letztendlich psychisch und physisch krank.

Besetzungen im Halsbereich

Während einer meiner Energiearbeiten kam eine Klientin zu mir. Sie war eine gut gekleidete, sehr sympathische Dame, in deren Gesichtszügen sich allerdings missmutige Züge eingegraben hatten. Sie erzählte mir, sie habe schon seit Ewigkeiten das Gefühl, in ihrem Nacken säße ein dicker Felsbrocken, der zu Kopfschmerzen und zu Niedergeschlagenheit führen würde. Sie habe schon alles ausprobiert, Massagen, Osteopathie, sogar Schmerzbehandlung. Nichts habe geholfen.

Nachdem meine Klientin sich auf die Liege gelegt hatte, begann ich damit, ihre Aura und ihre Chakren zu reinigen und mit reinem Licht aufzufüllen. Dabei konnte ich feststellen, dass ihr vorderes und hinteres Halschakra vollkommen dicht war und somit kein Licht aufnehmen konnte.

Ich stellte schnell fest, dass sich ein Energiewesen in ihrem Halsbereich angedockt hatte. Es lag eine Besetzung vor, die möglicherweise schon Jahre und Jahrzehnte, wenn nicht sogar schon seit einem ihrer früheren Leben an ihr haftete.

Bei Anhaftungen negativer Wesenheiten gehe ich normalerweise so vor, dass ich interaktiv arbeite. Ich schließe meinen Klienten mit ein. Da ich die Erfahrung gemacht habe, dass beide, mein Klient und sein Besetzer, ganz fest miteinander verbunden sind und beide nicht loslassen wollen oder können, ist es meiner Meinung nach wichtig, beiden das Gefühl zu geben, loslassen zu dürfen und nicht einfach so, auf die Schnelle, voneinander getrennt zu werden.

Diese Methode dauert zwar etwas länger, ist aber meines Erachtens effektiver, da keine Anhaftungen mehr zurückbleiben.

Ich bitte meine Klientin also, ihre Konzentration auf ihren Nacken zu lenken, in ihren Schmerz hineinzufühlen und mir zu sagen, was sie dort fühlt und sieht.

Ich: „Konzentriere dich auf deinen Nacken. Fühle in den Schmerz hinein und sage mir, was du fühlst und siehst."

Klientin: „Dort sitzt etwas. Es sieht aus wie ein Stein, so groß wie eine Faust, scharfkantig aber auch weich, kugelrund und glatt."

Ich: „Weißt du, welche Farbe der Stein hat?"

Klientin: „Graubraun und etwas rosa mit länglichen dicken Adern und in sich geteilt, also in zwei Hälften, die trotzdem noch zusammen sind. Fast wie ein geteiltes Herz."

Ich: „Kannst du irgendwelche Gefühle wahrnehmen?"

Klientin: „Der Stein ist ganz nett. Er hat keine negativen Gefühle. Er ist halt da, weil ihn jemand dorthin getragen hat."

Ich: „Welche Temperatur hat er? Fühlt er sich warm an

oder kalt?"

Klientin: „Er fühlt sich ganz angenehm an. Weder heiß noch kalt. Ganz normal."

Ich: „Dann schau doch mal, ob er auch ein Gesicht hat, mit Augen und Mund und ob er auch einen Körper hat. Frage ihn, ob er ein Mann ist, oder eine Frau."

Klientin: „Er ist ein Mann und er sieht ziemlich ungehalten aus. Er will nicht, dass man ihn ansieht."

Ich: „Sieh dir seine Körperhaltung an. Ist sie eher abwehrend oder einladend? Sieh in seine Augen. Wie sieht sein Blick aus? Schaut er wütend oder brummig, oder gucken seine Augen eher freundlich?"

Klientin: „Er hat kleine stechende Augen und sieht aus, wie ein 1000 Jahre alter Mann."

Ich: „Vielleicht hat er dich ja schon mehrere Inkarnationen lang begleitet. Frag ihn einmal, wie lange er schon bei dir ist."

Klientin: „Er will da gar nicht drüber reden, und er würde sowieso nicht weggehen. Er war immer schon bei mir und so würde es auch bleiben. Ich hätte gar keine Wahl."

Ich: „Frage ihn, weshalb er nicht von dir weggehen will. Frage ihn, ob er Angst hat. Vielleicht fühlt er sich ja heimatlos, so ganz ohne dich. Was würde ihm geschehen, wenn er ins Licht ginge?
Vielleicht hat er ein nicht ganz so gottesfürchtiges Leben

geführt, in seinem damaligen Leben und hat nun Angst, nicht mit offenen Armen empfangen zu werden. Hat er vielleicht Angst vor einem Leben in der Hölle oder im Fegefeuer? Oder kann er sich nach der langen Zeit einfach nicht mehr vorstellen, woanders zu leben, als bei dir? Frage ihn das einmal."

Klientin: „Er hat Angst und traut sich nicht. Man weiß ja nicht, was dann kommt, meint er."

Ich: „Sage ihm bitte, dass es für dich nicht so angenehm ist, wenn er weiterhin in deiner Aura sitzt, dass er dir körperliche Beschwerden bereitet, die immer schlimmer werden und du dich mit ihm nicht wohlfühlst. Sage ihm, dass er keine Angst zu haben braucht, dass er von Gott immer in Liebe empfangen wird, ganz gleich, was er in seinem damaligen Leben angestellt hat. Gott wertet nicht. Er sagt eindeutig, dass die Bestrafung auf Erden stattfindet."

Klientin: „Er verändert sich langsam, ist nicht mehr so starr."

Wir bitten nun unsere Engel ihm ganz viel Licht und Liebe zu schicken, ihn ganz einzuhüllen in das göttliche Licht. Nun kann er spüren, wie wohl man sich dabei fühlen kann. Wie angenehm das Licht auf ihn wirkt.
Langsam verändert sich das Wesen. Es wird weicher, merkt, wie angenehm es sein kann im Licht zu sein. In der Liebe.

Ich: „Bitte sage ihm, dass schon ganz viele Leute, die er in seinem früheren Leben als Mensch kannte, auf ihn warten und dass es für ihn an der Zeit ist, mal etwas anderes zu wagen.

Sage ihm, dass er nicht länger bei dir bleiben muss. Sage ihm, dass du auch glücklich und zufrieden bist, wenn er geht und dass du dich für ihn freust, wenn er ins Licht geht. Sage ihm, wie sehr du dich für ihn freust, wenn er endlich seine Seele nach Hause bringt, und sage ihm, dass er schon viel zu viele Jahre und Jahrzehnte vergeudet hat, indem er bei dir war."

Ich bitte nun Erzengel Michael und Erzengel Ezrael zu uns und bitte meine Klientin die Wesenheit, die sie nun schon so lange begleitet hat in ihre Hände zu nehmen, und einem der beiden Engel zu übergeben.

Das Wesen wird ganz eingehüllt in rosafarbenes Licht. Es wird vollkommen eingehüllt in Liebesenergie. Es ist nun ganz hell geworden, Licht durchflutet und fügt sich in sein Schicksal. Noch nicht so ganz zufrieden, aber bereit zu gehen, schwebt es, getragen auf den Händen des Erzengels Michael, dem Licht entgegen.

Wir bedanken uns bei ihm und bei allen beteiligten Engeln.

Es ist immer wieder ein sehr ergreifendes Gefühl. Ich nehme die Gefühle des Wesens auf, seine Gefühle der Dankbarkeit und der Zufriedenheit. Endlich ist es im richtigen Zuhause angekommen. Dieses Gefühl treibt mir jedes Mal die Tränen in die Augen und lässt mich ganz demütig werden.

Die nun leer gewordene Stelle in der Aura meiner Klientin lässt sich nun problemlos mit Licht auffüllen.

Mutterprobleme

Eine andere Klientin (49 Jahre alt) hatte ständig Probleme mit ihrer Mutter. Bereits als Kind fühlte sie sich von ihrer Mutter abgelehnt. Diese warf ihr immer wieder vor, sich vor ihrem Vater in den Mittelpunkt zu stellen, um ihn ihr, der Mutter, wegzunehmen. Im Erwachsenenalter wurden die Vorwürfe, die die Mutter ihr stets machte, immer schlimmer.

Nach dem Tode des Vaters, musste die Tochter sich um die Mutter kümmern, wurde aber immer wieder von ihr beschimpft. Nichts, was sie für ihre Mutter machte, fand deren Zustimmung. In den Augen ihrer Mutter war sie eine vollkommene Versagerin.

Bereits von Kindheit an, träumte die Frau immer denselben Traum. Sie war ungefähr sechs Jahre alt. Gemeinsam mit ihrer Mutter lief sie einen dunklen Tunnel entlang, wobei ihre Mutter sie an der Hand hinter sich her zog. Das Kind hatte große Angst vor dem dunklen Tunnel, aber auch vor der Mutter, die selbst vollkommen gelassen wirkte, ihrem Kind aber vermittelte, es solle sich nicht immer so anstellen. Sie nahm die Ängste des Kindes nicht ernst und meinte nur: „Wenn du mitgehen willst, müssen wir durch den Tunnel gehen, also stell dich nicht so an."

In dem Traum wurden die beiden nach einiger Zeit von einem Hund verfolgt. Es war ein großer Schäferhund. Das kleine Kind hatte keine Angst vor dem Hund und wurde immer ruhiger. Sie wusste, der Hund war auf der Suche nach ihr. Er kannte sie und nahm ihr alle Angst. Ich bat meine Klientin, sich das Gefühl der Angst als ein eigenständiges Wesen vorzustellen.

Ich: „Wenn du dir das Gefühl deiner Angst vorstellst, wie groß fühlt es sich an?"

Klientin: „Das Gefühl ist riesig. Ich glaube, es hat etwas mit dem fehlenden Urvertrauen in meine Mutter zu tun."

Ich: „Kann es sein, dass dieses Wesen etwas bei dir sucht? Frage das Wesen, nicht Deine Mutter, sondern das Wesen der Angst, warum es immer noch bei dir ist."

Klientin: „Es redet nicht mit mir. Es dreht mir den Rücken zu und schaut mich nicht an."

Ich: „Dann frage den Schäferhund, anstelle des Wesens. Er kennt die Antwort ebenso."

Klientin: „Der Schäferhund ist auch ratlos. Er meint, es gäbe keinen Grund, Angst zu haben."

Ich: „Dann frage das Gebilde der Angst, was du tun kannst, damit es verschwindet. Sage ihm, dass es nun lange genug bei dir war und dass du möchtest, dass es jetzt geht und dich alleine lässt."

Klientin: „Es sagt, ich bräuchte keine Angst zu haben, und, wenn ich es nicht haben wollte, bräuchte ich mich nur umzudrehen und weggehen."

Ich: „Vielleicht gibt es etwas, was das Wesen gerne von dir hätte. Frage es doch einfach, ob du etwas für es tun kannst."

Klientin: „Jetzt kommen Farben auf mich zu. Ganz viele Farben, wie ein Feuerstrom."

Ich: „Welche Farben sind für dich die Wichtigsten? Stell sie dir bildlich vor."

Klientin: „Die Farben Rot und Gelb."

Ich: „Versuche dir vorzustellen, du selbst würdest dich auflösen, in den Farben von Rot und Gelb. Gelingt dir das?"

Klientin. „Ja."

Ich: „Dann stelle dich, so wie du jetzt bist, aufgelöst in den Farben Rot und Gelb, in das Wesen deiner Angst hinein. Stelle dich so lange in es hinein, bis auch das Wesen sich in den Farben Rot und Gelb auflöst."

Während meine Klientin meiner Aufforderung nachkommt, sehe ich gleichzeitig, dass das Gebilde der Angst, das sich an sie geheftet hat, in Ketten gelegt ist. Dicke Ketten verschnüren es und halten es fest. Ich bitte daher Erzengel Michael, diese Ketten zu sprengen.
Für mich bedeutet das, dass meine Klientin mit der Angst schon so lange verbunden ist, dass sie sie nicht so einfach loslassen kann.
Ich sage meiner Klientin, dass es wichtig ist, das Wesen gehen zu lassen. Sich ganz von dem zu lösen, was sie schon seit ihrer Kindheit begleitet.

Ich: „Sage dem Wesen der Angst: Du hast mich so viele Jahre lang begleitet. Dafür bin ich dir sehr dankbar. Doch nun ist die Zeit gekommen, da ich mein Leben ohne dich leben muss. Ich danke dir für alles, was du für mich getan hast, doch nun musst du gehen."

Das Wesen verändert sich allmählich. Es zeigt sich nun als Krake, mit ganz vielen Armen, die sich in der Aura der Klientin festklammern.
Wir bitten nun auch den Schutzengel meiner Klientin, sich um dieses Wesen zu kümmern, ihm seine ganze Liebe zu zeigen.
Plötzlich verändert es sich, wird ganz weich, lässt los, zieht seine Krankenarme zurück. Erzengel Michael hat nun auch seine Ketten gesprengt, und plötzlich können wir beide, meine Klientin und ich, fühlen, wie das Wesen ganz weich wird. Es verändert noch einmal seine Form, wird zu einem kleinen Baby und schmiegt sich in die Hände des Schutzengels hinein. Es wird zu Licht.
Wir spüren beide seine Energie, die uns die Tränen in die Augen treibt. Dieses kleine Baby wird nun von Erzengel Michael an den Erzengel Ezrael übergeben, der es mitnimmt, in die göttlichen Ebenen.
Diese ergreifende Energie spüren wir beide noch für eine ganze Weile. Wir können das Glück dieses Wesens spüren, das seit so vielen Jahrzehnten bei meiner Klientin war und nicht von ihr loskam.

Einige Wochen später erzählte mir meine Klientin, dass sich das Verhältnis zu ihrer Mutter extrem gebessert hätte. Sie selber könne ihre Mutter nun so nehmen, wie sie sei, ohne sich ständig kritisiert und gemaßregelt zu fühlen, und ihre Mutter, so sagte meine Klientin, würde ihr plötzlich Dankbarkeit zeigen, und ihr immer wieder sagen, wie froh sie sei, so eine tolle Tochter zu haben. Seitdem kommen die beiden sehr gut miteinander aus, ohne ständige Schuldzuweisungen der Mutter und ohne die ständige Wut der Tochter.

Immer wieder stelle ich fest, dass Wesenheiten, die über viele Jahre und Jahrzehnte in der Aura eines Menschen festhängen, nicht gehen wollen. Dieses geschieht oftmals nicht aus Boshaftigkeit oder Egoismus, sondern aus Orientierungslosigkeit. Sie kennen mittlerweile nichts anderes, das ist ihr Zuhause. Sie wissen nicht, wohin sie sonst gehen könnten.
Umgekehrt geht es den betroffenen Menschen nicht anders. Auch sie können schwer loslassen, zum einen, da sie mittlerweile nichts anderes kennen, als dass sie dieses Wesen mit sich herumtragen, zum anderen wollen sie ihm auch nicht das Zuhause wegnehmen.

Unfalltod ungeborener Zwillinge

Dieser Fall einer Klientin, wir nennen sie Brigitte, die im Alter von drei Jahren ihre ungeborenen Geschwister bei einem Autounfall verloren hat, an dem sie meinte, Schuld zu sein, zeigt, wie tief zum einen Schuldgefühle sitzen können, und zum anderen, wie es dazu kommen kann, dass man Besetzungen nicht loslassen kann.

Meine Klientin befand sich auf einer Autofahrt, gemeinsam mit ihrem Vater und mit ihrer Mutter, die mit Zwillingen im 7. Monat schwanger war. Während der Fahrt gab es Streit zwischen den Eltern, den sie versuchte zu schlichten, indem sie dem Vater Fragen stellte. Dieser wurde nur noch gereizter und drehte sich zu ihr um, um sie zurechtzuweisen. In seiner Rage kam er von der Straße ab, und fuhr, da er sich zu lange zu ihr umgedreht hatte, gegen einen Baum. Er selber und meine Klientin kamen unverletzt davon, die Mutter wurde zwar nur leicht verletzt, verlor bei diesem Unfall aber die Zwillinge, die sich in ihrem Bauch befanden.

Die Vorhaltungen durch Vater und Mutter waren wohl unbeschreiblich, und so kam es zu ganz komplexen Dingen. Zum einen kam es zu einer Besetzung, indem sich einer der Zwillinge in die Aura meiner Klientin gerettet hatte, und zum anderen kam es zu einer Seelenabspaltung, da sie diese ganze Situation als kleines Kind nicht verkraften konnte, was sich darin zeigte, dass sie sich zeitweise außerhalb ihres Körpers befand.

Die Energiebehandlung fand folgendermaßen statt:
Meine Klientin klagte über Schmerzen und Beklemmungen im Nackenbereich und im oberen Rücken. Ich stellte fest, dass das Halschakra vorne und hinten völlig verstopft war und kein Licht annehmen konnte.
Ich bat meine Klientin sich in den Bereich um ihren Hals herum hineinzufühlen.

Ich: „Spüre in deinen Körper hinein, in deinen Nacken, in deinen Hals. Wie fühlt es sich an?"

Klientin: „In meinem Nacken und oben im Rücken verspüre ich einen ziehenden Druck."

Ich: „Fühle dich in diesen Bereich hinein. Vielleicht kannst du ja sehen, was dort sitzt und wie es sich anfühlt."

Klientin: „Es ist ganz grau und schwarz und klumpig – und hart."

Ich: „Hat dieser dicke Klumpen auch Gefühle? Vielleicht fühlst du seine Emotionen."

Klientin: „Ich kann da gar nichts fühlen."

Ich: „Dann frage dieses Gebilde doch einfach mal ob es traurig ist, oder wütend. Vielleicht fühlt es sich auch allein gelassen."

Klientin: „Das fühlt sich ganz hilflos. Es sieht aus wie ein Embryo und fühlt sich allein gelassen und hilflos."

Ich: „Dann frage es doch einmal, ob es dir mehr von seinem Aussehen zeigen möchte, von seiner Statur, von seinem Gesicht."

Klientin: „Es hat einen weit offenen Mund, so als wollte es laut schreien, und es strahlt Blitze aus, wie bei Feuerwerkskörpern."

Ich: „Aus welchen Gründen hält es sich denn gerade bei dir auf, weißt du das? Wenn nicht, frage es einmal."

Klientin: „Es sagt, weil es bei mir raus kann. Das verstehe ich jetzt nicht."

Ich: „Aha, frage noch einmal genauer nach."

Klientin: „Es will nur ein bisschen raus, sagt es. Es hat Angst draußen."

Ich: „Kann es sein, dass dieses Wesen sich nicht nur in deinem Nacken aufhält, sondern auch in deiner Schilddrüse und in deinem Sprachzentrum und dich von dort aus beeinflussen möchte?"

Klientin: „Ja, es sagt aber, nur ein bisschen. Es möchte mich nur ein bisschen beeinflussen. Jetzt spüre ich auch einen ganz starken Druck in meinem Hals."

Ich: „Ich habe so das Gefühl, das Wesen ist gar nicht so klein. Es zeigt sich nur in deinem Nacken, kann sich aber riesig ausweiten und somit alles, was mit Sprache, mit Ausdruck, mit „gehört werden wollen" zu tun hat, blockiert."

Klientin: „Ich glaube, es verarscht mich jetzt gerade. Es sagt, es wäre doch ganz klein und würde mich nicht manipulieren. Das würde ich mir nur einbilden. Aber ich spüre doch den Druck, und der Druck wird immer größer."

Ich: „Viele Wesenheiten besitzen die Macht der Verstellung. Sie verhalten sich in unserer Aura wie ein Chamäleon. Sie passen sich dem Umfeld an, um nicht erkannt zu werden. Das ist ihre Überlebensstrategie, deshalb sage ihm bitte, dass du dich unwohl fühlst, wenn es weiterhin in deiner Aura wohnt, dass es dort nicht hingehört; sage ihm, dass es einen viel schöneren Ort für es gäbe, einen Ort, an dem es so sein darf, wie es möchte, und du wüsstest auch schon einen Weg, wie es dorthin gelangen kann."

Klientin: „Es sagt mir jetzt, dass es mich doch gar nicht

verlassen möchte, und ich selbst würde doch auch nicht wollen, dass es geht."

Ich: „Fühle einmal in deine eigenen Gefühle hinein, was fühlst du da? Du hast gesagt, es sähe aus wie ein Embryo. Kann es vielleicht sein, dass sich eines deiner verstorbenen Geschwister in deiner Aura versteckt hält?"

Klientin: „Ich weiß nicht, aber ich habe das Gefühl, als würde es sich an mir festsaugen, so als hätte ich einen dicken Buckel auf der Schulter, der durch meinen Hals hindurch nach vorne ragt. Und es braucht mich, es will gar nicht weggehen. Es fühlt sich an, als hätte es überall Saugnäpfe, mit denen es sich an mir festsaugt."

Ich: „Es hat Angst, und das ist verständlich, es ist jetzt aber wichtig, dass ihm die Angst genommen wird."

Klientin: „Sie sagt, sie würde sich ganz klein machen, dann würde ich sie gar nicht bemerken, und ich wäre dann ja auch nicht alleine."

Ich: „Du sagst „sie". Ist es ein Mädchen?"

Klientin: „Ja, es ist ein Mädchen, und sie möchte nicht weggehen, weil sie meint, ich bräuchte sie doch und sie bräuchte mich. Ich habe jetzt auch das Gefühl, dass ich mich nicht traue, sie loszulassen. Sie ist doch alles, was ich habe, hier in diesem kalten Auto. Nur sie ist bei mir, sie ist die Einzige, die mir Schutz gibt. Ich habe so eine Angst, es ist so kalt, ich friere so fürchterlich."

Ich: „Dann sage ihr jetzt, dass es keinen Grund gibt, weiterhin bei dir zu bleiben. Sage ihr, dass du dankbar bist, für die lange Zeit, in der sie auf dich aufgepasst hat, aber jetzt müsse sie leider gehen.

Ich möchte, dass du ihr sagst, dass es einen Ort gibt, an dem sie sich wohlfühlen wird, an dem sie sich glücklich und geborgen fühlen kann und in Liebe empfangen wird."

Klientin: „Aber ich traue mich nicht, es ihr zu sagen. Ich will nicht, dass sie traurig ist und denkt, ich wollte sie abschieben. Ich will doch auch nicht, dass sie denkt, ich wäre böse auf sie. Sie ist doch noch so klein."

Ich: „Weißt du, die Seele deiner kleinen Schwester kennt nur dich. Sie weiß nicht, dass es ihr dort oben im „Himmel" viel, viel besser gehen wird."

Klientin: „Aber ich weiß doch auch nicht, ob sie es dort besser haben wird, als bei mir. Vielleicht ist es ja gar nicht besser für sie. Was ist, wenn ich ihr etwas Falsches sage."

Meine Klientin fängt an zu weinen. Die Erinnerungen steigen in ihr hoch. Sie sieht sich wieder in diesem Auto sitzen, das kleine 3-jährige Mädchen mit dem schreienden Vater, der weinende Mutter. Sie ist vollkommen überfordert mit dieser Situation. Aufgrund dessen entschließe ich mich, gleichzeitig mit ihrem „Inneren Kind" zu arbeiten.

Klientin: „Alle sind so böse auf mich. Mein Vater schreit mich die ganze Zeit an, meine Mutter schreit, weil sie Schmerzen hat. Es ist so schrecklich, und ich bin ganz alleine und es ist so kalt.

Ich sehe jetzt alles von oben. Ich habe meinen Körper

verlassen. Ich kann das alles nicht aushalten, möchte am liebsten auch sterben, wie die Zwillinge."

Ich: „Dann stelle dir doch noch einmal vor, wie die Situation war, damals, als du in diesem Auto gesessen hast, mit deinen Eltern und mit den Zwillingen im Bauch deiner Mutter. Jetzt allerdings siehst du diese Situation mit den Augen der großen Brigitte. Du siehst alles so, als würdest du dir einen Film ansehen, du siehst alles mit Abstand. Die Brigitte, die sich dies jetzt alles ansieht ist groß und stark, sie hat Kraft.
Du gehst dorthin, zu diesem Auto, siehst die ganze Situation vor deinem „Inneren Auge". Du kümmerst dich um die kleine Brigitte, holst sie aus dem Auto heraus, nimmst sie in deine Arme, gibst ihr deine Wärme und deine Kraft."

Klientin: „Ich bin aber trotzdem ganz verängstigt. Eines der toten Babys hat Schutz bei meiner Mutter gesucht, das andere bei mir. Ich bin froh, dass es bei mir ist.
Ich sitze immer noch in dem kalten Auto, es ist dunkel, und ich friere so, und ich bin so einsam. Niemand ist bei mir, nur sie. Deshalb habe ich Angst, dass, wenn sie weg ist und ich immer noch in meinen Gedanken in dem Auto sitze, mit meiner verletzten Mutter und meinem wütenden Vater, dann bin ich ganz alleine. Dann habe ich niemanden mehr."

Ich: „Die kleine Brigitte ist nicht alleine. Sie hat dich, die große Brigitte. Nimm die kleine Brigitte bei der Hand und sage ihr, dass du bei ihr bist, dass du ihr helfen wirst, dass ihr gemeinsam alles überstehen könnt.
Du spürst die Liebe von Jesus Christus und von Mutter Maria. Du weißt, wie wohl du dich mit ihnen immer

fühlst, ebenso wird sich deine kleine Schwester fühlen.

Jetzt kommt es darauf an, dass auch du loslässt. Das kleine Wesen weiß einfach nicht, wo es hingehört. Seine Seele war so verstört nach seinem Tod, so durcheinander, dass es sich an die erste Person geklammert hat, die es gefunden hat, und von der es wusste, dass es von ihr geliebt wird. Und auch für den anderen Zwilling wird es jetzt Zeit, ins Licht zu gehen.

Sage der kleinen Brigitte, dass sie keine Angst haben muss. Du bist jetzt bei ihr. Du übernimmst das Kommando. Sage ihr, dass du bei ihr bist, dass alles gut wird, und sage ihr, dass sie keine Schuld an dem Unfall trägt.

Gehe nun zu deiner Mutter in den Wagen. Du kannst auch ihr Kraft spenden und auch ihr die Angst nehmen.

Du siehst die kleinen Zwillingsseelen, wie sie völlig verwirrt sind, und du nimmst die beiden in deine Hände. Sage auch ihnen, dass sie keine Angst haben müssen, dass alles gut wird und dass Gott sie bereits erwartet.

Vor deinen Augen siehst du plötzlich ein sehr großes, sehr helles Licht. Du siehst, wie zwei Engel auf Euch zukommen. Übergebe nun die Zwillinge den beiden Engeln.

Du kannst dich noch einmal ganz besonders von deiner kleinen Schwester verabschieden. Du kannst ihr sagen, dass du ihr dankbar bist für ihre Hilfe, dafür, dass sie so viele Jahrzehnte lang bei dir war, und dass du sie niemals vergessen wirst.

Gleichzeitig werden die Schuldgefühle, die du bis heute hattest, aufgelöst, transformiert von deinem Schutzengel, der jetzt hinter dir steht. Er nimmt dich ganz fest in seine Arme. Seine Flügel umfassen dich, bis du bereit bist, loszulassen.

Und die kleine Seele deiner Schwester winkt dir noch

einmal zu, verabschiedet sich von dir, während die beiden Engel mit den Zwillingen dem Licht zugehen.
Bist du jetzt bereit, sie gehen zu lassen?"

Klientin: „Ja."

Ich: „Wir bitten nun Erzengel Michael zu uns, bitten ihn, alle Energien, die dich noch an diese Situation binden, zu durchtrennen. Wir bitten ihn auch, alle Energieschnüre zu durchtrennen, mit denen deine kleine Schwester immer noch mit dir verbunden ist."

Klientin: „Es ist jetzt plötzlich vieles leichter geworden. Ich habe auch nicht mehr so große Angst, allein gelassen zu werden, und der Druck auf meinen Schultern und an meinem Hals sind nicht mehr da."

Da meine Klientin seit dem Tag dieses Autounfalls immer dachte, Schuld an dem Unfall und Schuld an dem Tod der beiden kleinen Geschwister zu haben, mache ich mit ihr noch eine kleine Übung.

Ich: „Stelle dir vor deinem inneren Auge zwei Lichtkreise vor, die in Form einer Acht angeordnet sind. Stelle dich nun in einen der Kreise hinein. In den anderen Kreis bitte deine Eltern hinein.
Jahrzehntelang hast du eine Schuld mit dir herumgetragen, die nicht deine war. Deshalb möchte ich nun, dass du diesen Berg der Schuld in deine beiden Hände nimmst und ihn an deine Eltern zurückgibst. Sage ihnen, dass nicht du die Schuld trägst, an dem, was geschehen ist, sondern allein sie."

Klientin: „Sie wollen ihn aber nicht annehmen. Sie

sagen, sie hätten keine Schuld."

Ich: „Du kannst ihnen den Berg der Schuld direkt übergeben, oder aber, wenn sie ihn nicht annehmen, legst du ihnen ihren Schuldenberg vor die Füße, oder aber ins Auto hinein. Es ist von heute an nicht mehr dein Berg der Schuld.

Du kannst nun alles loslassen, kannst dein Herz freimachen von diesen Belastungen, von Sorgen, von Gefühlen der Schuld, der Angst, der Minderwertigkeit, denn in diesem Berg sind nicht nur die Lasten dieses Autounfalls enthalten, du kannst alles in diesen Berg von Altlasten hineingeben, was du jetzt, in diesem Moment, loslassen möchtest. Du gibst hiermit all das an deine Eltern zurück, was nicht deines ist und legst es ihnen vor die Füße oder ins Auto hinein. Schaffst du das?"

Klientin: „Ja, das habe ich gemacht. Ich war jetzt gerade so wütend, weil sie mir so viele Dinge aufgelastet haben, dass der Berg riesig wurde. Ich habe ihnen alles vor die Füße gelegt und gesagt, dass nicht ich dafür verantwortlich bin, sondern sie selber und dass ich ihnen hiermit alles zurück gebe. Ich habe mich trotzdem noch bei ihnen bedankt, dafür, dass sie mir das Leben geschenkt haben, dass aber alles andere jetzt ihres ist."

Ich: „Das hast du gut gemacht. Deine Eltern lösen sich jetzt auf, auch die beiden Lichtkreise verschwinden, und ein leichter Nebel löst die ganze Situation auf. Nur du bist noch da.

Erzengel Michael löscht nun auch diese Geschehnisse aus deiner Aura und aus deiner Zellstruktur, trennt alles ab, was nicht mehr förderlich ist und jetzt gehen darf. Gleichzeitig darf nun der Seelenaspekt, der sich bei dem

Unfall von dir abgespalten hatte, wieder zu dir zurückkehren. Nehme ihn in Liebe an."

Klientin: „Ja, das mache ich."

Nun lässt sich das hintere und auch das vordere Halschakra meiner Klientin mit Licht auffüllen, ebenso wie der Bereich zwischen ihren Schulterblättern und der Brustbereich.
Ich bitte sie, sich diesen Bereich noch einmal anzusehen, zu fühlen, wie sich jetzt diese Stellen anfühlen.
Sie meinte, es hätte sich alles gelöst, vor allem hätte sie das Gefühl, ihr Herz sei nun freier geworden und sie könnte nun viel besser atmen.

Besetzungen aus früheren Inkarnationen

Nicht nur Verstorbene aus unserem jetzigen Leben stellen Besetzungen dar. Oftmals sind es auch Verstorbene aus früheren Inkarnationen, die sich in unserer Aura festgesetzt haben. Sie suggerieren uns ihre Gefühle, halten uns von Dingen ab, die wir gerne machen würden, weil sie sie nicht so machen würden, lassen uns so handeln, dass wir uns fremdbestimmt fühlen. So wie in der Geschichte der Dame, die mich vor einigen Monaten anrief. Immer dann, wenn ihr Ehemann sich auf einer Geschäftsreise befand, hatte diese Dame seltsame sexuelle Träume. Träume, die auf seltsame Art echt wirkten.

Sie träumte von einem Mann, der nur in ihren Träumen existent war, sie kannte ihn nicht persönlich. Sie hatte das Gefühl, als würde er direkt neben ihr liegen, als Menschengestalt, nicht als Traumgestalt und war völlig verwirrt, besonders aus dem Grund, dass sie, wie sie angab, sich niemals so verhalten würde.

Während ich eine Energiebehandlung bei ihr durchführte, konnte ich feststellen, dass ihr Herz- und Solarplexuschakra kein Licht annehmen wollte, und in ihrer Aura befand sich eine dunkle, verdichtete Masse.

Ich bat meine Klientin, sich auf ihr Herz zu konzentrieren.

Ich: „Konzentriere dich auf dein Herz. Was fühlst du dort?"

Klientin: „Dort ist alles hart wie Stahl und auch ganz kalt."

Ich: „Kannst du mir sagen, wie groß dieses Gefühl ist?"

Klientin: „Wie ein riesiger Klumpen, er ist hart und schwer."

Ich: „Ist er rund und glatt, oder eckig mit vielen Spitzen?"

Klientin: „Er ist ganz eckig, aber trotzdem dick und rund."

Ich: „Kannst du erkennen, welche Farbe er hat?"

Klientin: „Er ist grün und schwarz."

Ich: „Kannst du erkennen, welche Gefühle er hat?"

Klientin: „Er ist wütend, er weiß nicht, was das alles soll. Wir sollen ihn in Ruhe lassen, meint er."

Ich: „Bitte ihn, dir seine Gestalt zu zeigen, bitte ihn, sich dir so zu zeigen, als wäre er ein menschliches Wesen. Macht er das?"

Klientin: „Er wird jetzt ganz rot und hat ein riesiges geöffnetes Maul. Er ist wütend, aber gleichzeitig sieht er aus, als wollte er gleich weinen."

Ich: „Frage ihn, warum er bei dir ist und warum er so wütend ist?"

Klientin: „Er sagt, er sei schon immer bei mir gewesen, und es wäre doch immer so schön gewesen. Wieso ich ihn denn plötzlich nicht mehr haben wollte."

Ich: „Sage ihm, dass du dich so nicht wohl fühlst, dass du nicht mehr frei atmen kannst, wenn er sich in deiner Aura befindet, und dass es langsam Zeit für ihn ist, ins Licht zu gehen."

Klientin: „Er meint, nur bei mir könne er leben. Immer habe er nur mich geliebt und nun würde ich ihn wegschicken. Er würde mir doch nichts tun. Er tut mir so Leid, kann er denn nicht doch einfach bei mir bleiben?"

Ich: „Erinnere dich daran, dass er dich nachts in deinen Träumen zu Dingen animiert, bei denen du dich äußerst unwohl fühlst. Sage ihm das bitte und auch, dass du deinen Mann liebst und nur mit ihm zusammen sein willst. Sage ihm, dass eure Zeit zu Ende sein muss, dass du ihn nicht mehr willst, nicht als Mann und auch nicht als Geistwesen in deiner Aura. Er muss sich jetzt damit abfinden, dass er tot ist und nicht länger bei den Lebenden verweilen kann."

Klientin: „Das gefällt ihm aber gar nicht. Er bettelt mich an, sagt, wir könnten es doch noch mal versuchen, er wäre doch viel toller, als mein Mann, und außerdem würde der mich doch ständig alleine lassen. Ich weiß nicht, was ich tun soll."

Ich: „Fühle in dich hinein. Was sagt dir dein Herz?"

Klientin: „Mein Herz sagt, er soll gehen."

Ich: „Dann sage ihm nun bitte, dass du ihm dankbar dafür bist, dass er in seiner großen Liebe zu dir, diese lange Zeit auf Erden verbracht hat. Sage ihm, dass du dankbar bist, dass er dich so lange beschützt und behütet hat. Doch jetzt muss diese Zeit zu Ende sein. Auf ihn wartet jetzt ein wunderschönes Leben außerhalb der Erde, er kann andere Dinge tun, die mit dir nichts zu tun haben, er kann sich weiterentwickeln, kann seine Familie - seine Eltern, Großeltern und vielleicht auch Kinder – wiedersehen, und vielleicht, wenn er es möchte, kann er ein weiteres Mal auf unserer Erde inkarnieren, sich neu verlieben, noch einmal heiraten und Kinder bekommen."

Klientin: „Ich habe es ihm gesagt. Er ist traurig. Doch er versucht, zu verstehen. Er ist auf einmal ganz klein geworden – und gebeugt."

Ich: „Wir bitten nun deinen Schutzengel zur Hilfe und bitten ihn, diese Seele in sein Licht einzuhüllen."

Der Schutzengel meiner Klientin umhüllt das Wesen mit strahlend weißem Licht, hüllt es vollkommen darin ein, so dass es sich ganz geborgen fühlt. Es verändert seine Form und zeigt sich nun, wie es zu Lebzeiten ausgesehen hat, als ein relativ junger Mann. Von der Kleidung her kann ich sehen, dass er schon vor sehr vielen Jahrhunderten verstorben ist. Er konnte seine junge Frau, die er einst so geliebt hat, einfach nicht loslassen. Doch nun ist er bereit hinüberzugehen.
Ich rufe Erzengel Michael und Erzengel Ezrael, bitte sie, diese verirrte Seele mitzunehmen ins Reich Gottes, dorthin, wo es nur bedingungslose Liebe gibt.
Bei diesem Wesen handelte es sich um einen Partner aus einem früheren Leben, der seine junge Frau aus Liebe nicht loslassen konnte und bereits mehrere Male mit ihr inkarnierte. Immer dann, wenn meine Klientin sich von ihrem Mann allein gelassen fühlte, verstand er es, sich in ihr Bewusstsein zu drängen, um sie zu manipulieren.
Nach dieser Behandlung gab es keine weiteren Geschehnisse dieser Art mehr. Meine Klientin war wieder völlig frei und konnte sich uneingeschränkt ihrem Ehemann und ihrer Familie zuwenden.

Elementale

Nun haben wir schon sehr viel von Besetzungen durch „Erdgebundenen Seelen" gesprochen, doch es gibt noch andere Energieformen, die sich in unserer Aura festsetzen und uns manipulieren.

Eine dieser Wesenheit haben wir mit unseren Gedanken selbst erschaffen. Diese Wesenheiten nennen sich Elementale. Sie können selbständig denken, unsere Gefühle manipulieren und Gedanken in unser Gehirn hineinprojizieren. Nun fragen Sie sich sicher, wie das geschehen soll. Wie kann ich ein selbständig denkendes Wesen erschaffen.

Nun, ganz einfach. Wir Menschen sind Schöpfer. Gott selbst hat uns dazu gemacht. Er hat uns beim Eintritt in unser Leben einen Teil seines „Selbst" geschenkt. Dieser Teil in uns, ist uns auch als „Heiliger Geist" bekannt. Durch diesen göttlichen Anteil ist es uns möglich, Dinge zu erschaffen und ihnen Leben einzuhauchen. So hat alles, was wir erschaffen, ein Bewusstsein, ganz egal, ob es ein Stuhl, ein Tisch oder gar ein ganzes Haus ist; alles ist Energie, die nur durch unseren Glauben daran, dass wir darauf sitzen oder darin wohnen können, zu fester Materie wird. Erst unser Glauben und unsere Vorstellungskraft erschafft feste Materie.

Dadurch, dass Gott uns dazu auch den freien Willen geschenkt hat, mit dem wir unser Leben selbst in der Hand halten und frei gestalten können, ist es uns möglich, positive oder auch negative Dinge zu erschaffen. Wir besitzen also die Fähigkeit, Dinge zu erschaffen, als Einzelperson oder aber auch im Kollektiv. Tun sich z.B. viele Menschen mit den gleichen negativen Meinungen und Vorstellungen zusammen und richten diese auf ein bestimmtes Vorhaben, so kann dieses sogar Kriege auslösen oder Herrscher an die Macht bringen, die ein Land totalitär regieren.

Im Positiven können wir Dinge erschaffen, die uns helfen, Frieden in unsere Welt zu bringen. Wir können Licht, göttlichen Segen oder auch nur gute Gedanken in die Welt schicken und somit dazu beitragen, dass unsere Welt heller und freundlicher wird.

Leider haben wir das im Laufe der Jahrhunderte vergessen, und so machen wir immer wieder Gott zum Sündenbock, wenn etwas in unserem Leben schiefgeht.

Wenn wir wüssten, wie viel Macht in unseren Worten und Taten steckt, wären wir vorsichtiger mit dem was wir sagen, tun und denken.

Als Elementale bezeichnet man Wesenheiten, die wir aus unseren Worten, unseren Gedanken, aus unseren Ängsten und Sehnsüchten, aus Verlusten und Traurigkeit heraus, selbst erschaffen haben. Sie sind selbständig denkende und agierende Wesenheiten, die wir durch unsere Emotionen, durch negative Gedankenenergien wie Hass, Wut, Traurigkeit oder Neid, ständig genährt haben, und die schließlich zu immer größeren, immer kraftvolleren Wesenheiten heranwuchsen. Viele dieser Gefühle wurden bereits in Kindertagen in uns angelegt, doch sie beherrschen immer noch unsere Gedanken.

Aus diesem Grund sind viele der Elementare, die wir in unserer Aura mit uns herumtragen, auch schon sehr alt. Sie ernähren sich durch unsere negativen Denkweisen, benötigen zum Überleben unsere selbstzerstörerischen Gedanken, da sie sich von unseren dunklen Energien ernähren. Sie benötigen diese zum Existieren, und so manipulieren sie uns immer wieder auf's Neue und lassen uns immer wieder an unsere schlechten Kindheitserinnerungen andocken, um unser ungeliebtes „Inneres Kind" Tag für Tag erneut aufleben zu lassen.

Diese Elementale sorgen dafür, dass unsere Gedanken nie zur Ruhe kommen, wir können von diesen Gedanken nicht lassen, von den Gedanken, dass uns niemand liebt, niemand wertschätzt, niemand beachtet.

Im Grunde geht es immer um mangelnde Aufmerksamkeit, um fehlende Liebe, Verachtung, Hohn, Spott, Ausgrenzung u.s.w. Dieses ist ein Teufelskreis. Ihre Gedanken laufen in einer Endlosschleife, mit immer den gleichen Sätzen und Bildern in Ihrem Kopf.

Doch wir sind keine Opfer. Wir können unsere Gedanken umkehren. Durch positives Denken, durch Selbstliebe, oder auch durch den Kontakt mit Menschen, die uns guttun, mit denen wir auf einer Wellenlinie liegen. Damit können wir den Elementalen die Grundlage entziehen.

Aus diesem Grund möchte ich Sie bitten, achten Sie auf ihre Gedanken und Worte, denn diese führen nach einiger Zeit ein Eigenleben und verleiten Sie dazu, immer wieder negativ zu denken, zu reden und zu wirken.

*Achte auf deine Gedanken, denn sie
werden Worte.
Achte auf deine Worte, denn sie werden
Handlungen.
Achte auf deine Handlungen, denn sie
werden Gewohnheiten.
Achte auf deine Gewohnheiten, denn sie
werden dein Charakter.
Achte auf deinen Charakter, denn er wird
dein Schicksal.*

aus dem Talmud

Während der Behandlung von Klienten gehe ich oft so vor:

Ich bitte sie, sich auf sich selbst zu konzentrieren, auf das momentan vorherrschende Gefühl, wegen dem sie zu mir gekommen sind (Versagensängste, Depressionen, Wutanfälle, Eifersucht u.s.w.).

- Fühle dich in deinen Körper hinein, und in deine Gefühle …
- Wo in deinem Körper ist das Gefühl am stärksten?
- Wie fühlt es sich an, ist es heiß oder kalt, stechend oder pulsierend, vielleicht beklemmend?
- In welchen körperlichen Beschwerden äußert es sich?
- Welche Farbe hat es?
- Wie groß ist es?
- Welche Emotionen strahlt es aus?

Meine Klienten sollen nun dieses Gefühl, diesen Schmerz in sich, bitten, ihnen seine Gestalt zu zeigen, mit einem Körper, Gesicht, Augen und Mund. Manchmal zeigt sich eine reale Person, sehr viel öfter aber auch das, was wir gefühlsmäßig daraus machen. Es kommen hierbei die absonderlichsten Gestalten vor, von kleinen Teufeln bis hin zu eiskalten Bergen ist alles dabei, und alles ist richtig. Es gibt hierbei keine falsche Aussage, denn nur so, wie Sie es fühlen, wird diese Wesenheit aussehen.

Haben sie dieses Bild vor Augen, dann bitte ich meine Klienten, das Wesen zu fragen, was sie für es tun können, was ist es, was dieses Wesen benötigt, um vollkommen glücklich zu sein.

Haben sie gefunden, was das Wesen braucht, meistens sind es Liebe, Urvertrauen und Sicherheit, bitte ich meine Klienten sich vorzustellen, ihr Körper wäre ein Gefäß, eine große Vase zum Beispiel, oder eine Badewanne.

Als nächstes sollen sie dieses Gefäß auffüllen, mit lecker schmeckendem Nektar. Dafür können sie sich einen Schlauch vorstellen, den sie in das Gefäß hineinhalten, oder bei der Badewanne einen Wasserkran, aus dem heraus der süße Nektar in die Wanne hineinfließt. Ist das Gefäß gefüllt, bitte ich sie, all die Zutaten ins Gefäß hineinzugeben, die so wichtig für die Zufriedenheit dieses Wesens sind.

Wir können uns ein riesengroßes rotes Herz vorstellen, auf das in großen Buchstaben das Wort „Liebe" geschrieben steht. Dieses Herz werfen wir als Ausdruck der Liebe ins Wasser hinein. Wir können uns in Gedanken ein Blatt Papier vorstellen, auf dem geschrieben steht: „Urvertrauen" und eins mit den Worten „Sicherheit", und wir werfen auch dieses Papier als Ausdruck dieser Gefühle in den süßen Nektar hinein.

Ich bitte meine Klienten dem Wesen dieses Getränk anzubieten. Vielleicht reichen Sie ihm einen riesigen Strohhalm, aus dem er schlürfen kann, oder aber, es will ganz in das Gefäß hineinspringen, um von dort aus zu trinken. Alles ist richtig.

Während das Wesen trinkt, wird es meistens schon kleiner, manchmal kann es aber auch vorkommen, dass es zuerst größer wird und vielleicht auch, dass das Gefäß ein zweites Mal gefüllt werden muss. Auch das machen wir dann, um unserem Wesen all das zu geben, was es braucht.

Spätestens nach der zweiten Gabe des süßen, mit Liebe,

Urvertrauen, Sicherheit u.s.w. angefüllten Gefäßes, verändert sich das Wesen, wird immer kleiner und verschwindet schließlich ganz.

Manchmal zeigt es sich dann noch in einer liebevollen Form, als kleines Baby, als Häschen oder Teddybär, als genau das, womit sich meine Klienten in liebevoller Weise identifizieren können. Manchmal verschwindet es aber auch einfach, löst sich vollkommen auf.

Das Originalversion findet sich in dem Buch von Tsültrim Allione „Den Dämonen Nahrung geben"

Die Ängste unserer Kinder

Es ist so traurig, dass Kinderseelen in Angst leben müssen, nur weil sie Dinge sehen oder spüren, die Erwachsene nicht wahrnehmen können. In den ersten Lebensjahren können die meisten Kinder Geister sehen. Leider sorgen Eltern, größere Geschwister, Tanten, Onkel, die diese Fähigkeit verloren haben, dafür, dass diesen Kindern nicht geglaubt wird, dass sie ausgelacht und verspottet werden. Oft werden sie sogar gerade in diese Räume (Keller, Dachböden, unbenutzte Räume) geschickt oder sogar dort eingesperrt.

Es ist nicht auszumachen, welche Qualen diese Kinder erleiden die Wesen sehen, die angeblich nicht existieren. Sie werden von diesen Wesen angegriffen, wissen aber nicht, wie man mit diesen Erscheinungen umgehen kann und ebenso wenig, wie man sich vor ihnen schützt.

Eine Freundin erzählte mir, sie hätte als Kind bei Verwandten, die sie mit ihren Eltern besuchte, einen Baumgeist gesehen, der zusammengekauert in einer Ecke der Stube saß. Als sie ihren Eltern und dem Onkel davon erzählte, machte der Onkel sich darüber lustig, hänselte und verspottete sie noch lange Zeit danach. Nach diesem Ereignis, so erzählte sie, habe sie nie wieder über das geredet, was sie gesehen und gespürt habe.

Leider passieren diese Dinge immer wieder, täglich werden Kinder verlacht und nicht ernst genommen, wenn sie über außersinnliche Wahrnehmungen berichten. Es ist so wichtig, dass Kinder und deren Eltern darüber aufgeklärt werden, was es bedeutet, Wesenheiten wahrzunehmen und vor allem, wie man damit umgeht. Ganz besonders Eltern sollten darüber aufgeklärt werden, ebenso wie Lehrer/innen und Erzieher/innen.

Ganz wunderbar wäre es, ein spezielles Unterrichtsfach in Schulen und Kindergärten einzurichten, in dem über diese Dinge gelehrt wird. Je jünger die Kinder sind, desto spielerischer kann man ihnen beibringen, sich vor negativen Angriffen zu schützen, sich einen Schutzraum zu schaffen, in dem sie sicher sind.

Eine wunderbare Übung zum Beispiel ist, sich eine geometrische Figur vorzustellen, das kann eine Kugel sein, ein Tetraeder in Form einer Pyramide, oder ein Zylinder, einfach das, was Kinder sich am besten vorstellen können.

Wenn die Kinder diese Figur vor Augen haben, können sie sich in sie hineinstellen, und sie können sie mit Licht ausfüllen, mit weißem, oder auch mit goldenem oder silbernem Licht.

Nun können sie ein wenig mit der Figur spielen. Sie

können sie größer und kleiner werden lassen. Sie können das Licht wachsen lassen, sodass es sich sowohl innerhalb als auch außerhalb der Figur befindet.

Als Nächstes können ihre Kinder versuchen, sich die geometrische Figur über ihrem Bett zu errichten, danach das Zimmer und anschließend das ganze Haus in ihre Lichtfigur einzuhüllen.

Als letztes sollten Kinder lernen, ihre Lichtfigur dahingehend zu instruieren, dass nur Wesenheiten, die im Licht stehen, der Zugang in die Lichtfigur gestattet ist. Alle dunklen Energien und Wesenheiten dürfen die Lichtschranke nicht passieren.

Und denken Sie immer daran, wir alle sind Schöpfer, wir alle haben die Möglichkeit, Kraft unserer Vorstellung Dinge zu erschaffen und zum Leben zu erwecken.

Erdgebundene Seelen

Irgendwann stellte ich fest, dass sich auf meinen Spaziergängen hin und wieder die Energie veränderte, dichter wurde, die Luft plötzlich nicht mehr rein und klar war, sondern irgendwie anders in ihrer Zusammensetzung.

Wenn ich meine Augen schloss und mich darauf konzentrierte, einfach nur auf diese Dichte, konnte ich sie sehen … „Erdgebundene Seelen". Verstorbene, die sich noch auf unserer Erde aufhalten, die nach ihrem Tod nicht ins Licht gegangen sind. Beim allererstten Mal sah ich eine Frau mittleren Alters, Kleidung und Frisur aus den fünfziger Jahren. Sie hatte sich an einem Baum erhängt.

Ich bat sie, zu mir zu kommen, sagte ihr, dass sie schon seit langem tot sei und es für sie an der Zeit wäre, in den „Himmel" aufzusteigen, ihre Seele nach Hause, zu Gott zu bringen, und wenn sie damit einverstanden wäre, würde ich die Engel und Jesus Christus bitten, sie hinüberzubegleiten.

Damals ging ich mit dieser Frau ebenso vor, wie mit den Wesenheiten, die ich während meiner Behandlungen von meinen Kunden entferne. Ich hüllte sie in Licht und bat Jesus Christus, Erzengel Michael und ihre Engel, diese Seele mit sich zu nehmen.

Viele Jahre lang ging ich so vor. Viele Jahre lang fand ich immer nur vereinzelte „Erdgebundene Seelen" vor. Mal eine einzelne Person, mal eine ganze Familie, manchmal auch kleinere Gruppen. Immer zeigten sie sich so gekleidet, wie sie vor ihrem Tod gekleidet waren, so konnte ich sehen, welcher Zeit sie entstammten.

Viele von ihnen waren bereits seit Jahrzehnten oder sogar seit Jahrhunderten tot, teilweise wussten sie nicht, dass sie gestorben waren, weil sie von ihrem Tod überrascht wurden, durch einen plötzlichen Tod im Schlaf, einen Tod durch Erdbeben, Überschwemmungen, Feuer und anderen plötzlichen Todesarten.

Oft mache ich die Bekanntschaft mit Kindern, die auf ihre Mama warten. Diese armen Kinderseelen warten oftmals viele Jahrzehnte lang an einem bestimmten Ort, weil sie glauben, dort von ihren Müttern abgeholt zu werden.

Diese armen Kinder brauchen Zuspruch und das Wissen, dass Mama und Papa und alle Verwandten und Freunde bereits bei Gott auf sie warten. Es ist immer wieder rührend zu sehen, wie glücklich diese Kinderseelen sind, wenn da plötzlich jemand ist, der ihnen helfen kann.

Wenn sie plötzlich Eltern und Verwandte am Ende des Lichtstrahls stehen sehen. Das ist immer wieder ergreifend, und ich bin jedes Mal glücklich und froh, diese Art von Arbeit ausführen zu dürfen. Ich bin so erfüllt davon, dass dieses meine Bestimmung ist und dass ich sie annehmen konnte.

Was vor Jahren klein angefangen hat, mit einzelnen Seelen, die ich ins Licht schicken durfte, hat heute andere Dimensionen erreicht. Heute begebe ich mich auf Schlachtfelder, in Jahrhunderte alte Gefängnisse, auf Plätze, an denen Zeremonien abgehalten wurden, und ich bereinige Häuser und ganze Gegenden von den zurückgebliebenen Toten, die oft seit Jahrhunderten ihr Leben an diesen Orten weiterleben und die gleichen Situationen immer und immer wieder erleben.

Tiere
und Besetzungen

Doch nicht nur unter uns Menschen findet man Besetzungen. Auch Tiere können verstorbene Seelen in ihrer Aura tragen. Zumeist handelt es sich dabei um bekannte Seelen, z.B. von Besitzern, die ihre Tiere nicht allein lassen wollten, nachdem sie gestorben waren, was ich aber bisher sehr selten bemerken konnte.

Was bei Tieren auch sehr häufig vorkommt, sind die schon erwähnten Elementale. Wesenheiten, die durch unsere Gedanken und Gefühle, durch körperlichen

Schmerz und seelisches Leid, ins Leben gerufen werden. Wesenheiten, die selbständig denken und agieren, und die bei uns Menschen und natürlich auch bei Tieren, körperliche und seelische Beschwerden hervorrufen können.

Vor einigen Monaten beobachtete ich ein Pferd auf einer Koppel. Mir fiel auf, wie niedergeschlagen dieses Pferd aussah. Obschon es mit anderen Pferden auf einer grünen Wiese stand – die Heuraufe direkt vor seiner Nase – stand es, den Schweif eingezogen und den Rücken eingeklemmt, ganz einsam da und sah einfach nur unglücklich aus.

Ich setzte mich auf eine nahegelegene Bank und verband mich geistig mit dem Pferd. Über seinem Rücken konnte ich einen riesigen dunklen Schatten erkennen. Ich sah mir seine Größe und seine Form an und fühlte mich in seine Gefühle hinein. Als ich das Wesen bat, mir seine Gestalt zu zeigen, zeigte es sich mir als ein dicker Kartoffelsack mit zwei traurigen Augen.

Ich sprach mit ihm, sagte, er könne nicht weiter bei dem Pferd bleiben, da dieses damit nicht glücklich sei. Es habe Schmerzen, die es auch seelisch zugrunde richten würden. Es sei nun ganz wichtig für das Pferd, aber auch für das Wesen selber, sich von diesem Pferd zu trennen.

Ich erzählte ihm von einer Welt außerhalb unserer Erde, in der es unter Seinesgleichen sei, ganz geschützt und geliebt, wo es lernen und sich weiterentwickeln könne. Dort müsse es auch nicht mehr traurig sein und das Pferd ebenso wenig.

Ich bat den Schutzengel des Pferdes um Hilfe, bat ihn, das Energiewesen in sein Licht einzuhüllen und mitzunehmen in den „Himmel".

Der Schutzengel nahm das Wesen in seine Hände, flutete

es mit Licht und verschwand mit ihm. Sofort veränderte sich das Verhalten des Pferdes, die Traurigkeit war verschwunden, es entspannte sich, wurde lockerer und ging sofort zur Heuraufe, um zu fressen.

Ich bedankte mich bei seinem Schutzengel und auch bei dem Energiewesen, stand von der Bank auf und ging meines Weges.

Hin und wieder sind mir aber auch Tiere begegnet, die gemeinsam mit ihren Besitzern nicht in den „Himmel" aufgestiegen sind, einfach, weil sie sie sehr geliebt haben und meinten, weiterhin auf sie aufpassen zu müssen. Das kommt hauptsächlich bei Hunden vor, die ja von Natur aus eine Beschützerfunktion innehaben.

Während einer meiner Kirchenbesuche befand sich unter den „Erdgebunden Seelen", die sich dort eingefunden hatten, um von mir ins Licht geführt zu werden, auch ein Hund. Er war mit seinem Herrn dort, doch er wollte nicht, so wie sein Herr, ins Licht gehen. Er wollte weiterhin in dieser Zwischenwelt leben.

Als die Kirche leer war, da alle Seelen den Weg ins Licht gefunden hatten, stand nur noch dieser Hund da und weigerte sich, zu gehen. Also bat ich meine Engel, ihn mitnehmen zu dürfen.

Den ganzen Tag lang befand er sich an meiner Seite, ging überall mit mir hin. Ein sehr praktischer Hund, muss ich sagen, denn er verlangte nichts. Er musste weder spät in der Nacht Gassi gehen, noch sein Geschäft verrichten, er war einfach nur da, begleitete mich sogar in jeden Laden, in den ich ging.

Am Abend jedoch, gesellte sich meine drei Jahre zuvor verstorbene Hündin zu uns. Oh, dachte ich, ist sie eifersüchtig, weil jetzt ein anderer Hund an meiner Seite ist? Doch es war ganz anders. Eine Zeit lang begleiteten mich beide Hunde, bis sie dann, am Ende des dritten Tages, beide verschwanden.

Meine Hündin hatte den kleinen Geisterhund abgeholt, um mit ihm gemeinsam den Weg ins Licht zu gehen. Danke Flocke!

Hausbesetzungen

Vor einigen Jahren kaufte sich meine Tochter ein 250 Jahre altes Haus. Beim ersten Besichtigungstermin war auch mein kleiner Enkelsohn dabei, der damals vier Jahre alt war. Als die beiden auf das Haus zugingen, meinte mein kleiner Enkel, da würden ja schon Leute drin wohnen. Oben im Dach habe er ein kleines Mädchen gesehen.

Meine Tochter bat mich dann, als ich sie das erste Mal in diesem Haus besuchte, nachzusehen, ob sich noch Verstorbene in dem Haus befänden. Ich ließ mir von ihr jeden Raum zeigen, wobei einige Räume, wie der Dachboden und der Keller nicht zugänglich waren. Trotzdem konnte ich mir ein Bild machen und vor allem, die Energien wahrnehmen. Besonders im Keller waren die Energien sehr dunkel und bedrückend, was mich dazu veranlasste, energetisch den Keller als letzten Raum zu durchsuchen.

Ich gehe stets so vor, dass ich mir die Räume ansehe und mich dann aus der Ferne energetisch in sie hineinbegebe. Jedes Zimmer, das Haus von außen, sowie auch den Garten sehe ich mir genau an.

Im Haus meiner Tochter fing ich in der Stube an. Dort fand ich als erstes einen Baumgeist, der verwirrt am Ofen saß. Er war klein und dünn wie ein Ast, mit Armen und Beinen und einem Gesicht, und mit Rinde als Haut. Der Baumgeist war der erste, der mithilfe meiner geistigen Helfer ins Licht geführt wurde.

Ansonsten waren die Stube und auch die Küche frei von Wesenheiten. Anders sah es im Bad aus. Dort hatte sich vor einigen Jahrzehnten ein Mann erhängt. Er zeigte sich mir, an seinem Strick an der Decke baumelnd. Er war der Nächste, den wir ins Licht führten.

Auf dem Dachboden traf ich zunächst niemanden an, das Mädchen, das mein Enkel dort gesehen hatte, befand sich nicht dort oben. Also ging ich erst einmal in den Garten hinein und sah mir das Haus von außen an.

Oben auf dem Dachfirst stand eine Frau mittleren Alters, die gerade dabei war, sich vom Dach herunterzustürzen. Ich sprach sie an, sagte ihr, dass sie sich vor vielen Jahren durch einen Sturz von diesem Dach getötet hätte, dass sie schon sehr lange tot sei, aber trotzdem diese Tat immer wieder ausführen würde, da sie ihren Tod nicht realisiert habe. Mit einiger Überredungskunst konnten wir schließlich auch diese Seele ins Licht führen.

Blieb noch der Keller, der mir einige Bauchschmerzen verursachte, da mir hier die Energie besonders boshaft und sehr dunkel erschien. Mit einem komischen Gefühl begab ich mich also in den Keller und war wieder einmal froh, meine beiden Engel an meiner Seite zu wissen.

Als wir den Keller betraten, verstärkte sich das dumpfe Gefühl der Bedrohung. Ganz am hinteren Ende befand sich ein Bett, und an dem Bett festgekettet ein Mann, nackt und bis auf die Knochen abgemagert. Bei ihm in diesem Kellerraum ein weiterer Mann, der, wie sich herausstellte, sein Bewacher war, derjenige, der ihn dort unten gefangen hielt, feist, dick und bedrohlich.

Als erstes haben wir die Ketten gesprengt, die die arme Gestalt ans Bett fesselte und haben diese verstorbene Seele ins Licht geschickt. Anschließend konnten wir uns um den Bewacher kümmern, der nun, da wir sein Opfer befreit hatten, ebenfalls keinen Grund mehr hatte, sich weiterhin in diesen Kellerräumen aufzuhalten. Allerdings brauchte es einige Überredungskunst, um ihn zum Gehen zu überreden. Letztendlich ist aber auch er, gemeinsam mit den Engeln, ins Licht gegangen.

Um das Mädchen, das sich noch auf dem Dachboden befand und während der Nacht durch das Kinderzimmer huschte, musste ich mich an einem anderen Tag kümmern. Doch schließlich, nach mehreren Versuchen, habe ich sie angetroffen und konnte auch sie davon überzeugen, dass Eltern, Geschwister und Großeltern schon voller Sehnsucht im Licht auf sie warten. Das Kind hatte die ganze Zeit dort oben auf dem Dachboden auf ihre Eltern gewartet, die nicht kamen.

Nun ist auch sie wieder mit ihnen vereint.

Es kommt sehr häufig vor, dass sich verstorbene Familienangehörige nach ihrem Tod nicht trennen können und sich so noch für längere Zeit im eigenen Haus oder im Haus ihrer Familienangehörigen aufhalten. Doch ebenso wie andere „Erdgebunden Seelen", gehören auch sie nicht mehr in diese Welt und auch nicht mehr zu den noch Lebenden. Es ist wichtig für sie, Abschied zu nehmen und ihren eigenen Weg zu gehen. Es ist notwendig für sie, den Weg ins Licht zu gehen. Nur dort können sie sich weiterentwickeln, dort können sie Erfahrungen sammeln, die ihnen helfen, in ihrer Energie höher aufzusteigen, denn genau das ist das Bestreben unserer Seele.

Eine meiner Klientinnen hatte ihre Schwiegermutter verloren, mit der sie sich zu ihren Lebzeiten eigentlich nie besonders gut verstanden hatte. Nach ihrem Tod suchte die Schwiegermutter allerdings die Nähe der Schwiegertochter und „zog" in deren Haus ein.

Dieses nahm meine Klientin durch eine extreme Kälte und durch einen speziellen Geruch in der Küche wahr.

Nachdem ich mich energetisch mit dem Haus verbunden hatte, konnte ich die alte Frau in der Küche auf einem Stuhl sitzen sehen. Sie hielt sich besonders oft in diesem Raum auf, weil auch meine Klientin sich dort häufig aufhielt.

Nachdem ich der alten Frau gesagt hatte, dass sie nicht weiter dort bleiben könnte, dass es Zeit sei, ins Licht zu gehen, war sie sehr traurig, fügte sich aber schließlich, als ich ihr erzählte, was sie dort im „Himmel" erwarten würde.

Nachdem die Seele der alten Dame hinüber gegangen war, schaute ich mich weiter im Haus um. In einer Abstellkammer entdeckte ich einen Baumgeist, ungefähr einen Meter groß und Ast dick, mit Rinde als Haut. Er saß verschüchtert in einer Ecke des Raumes. Ich sagte ihm, dass er keine Angst zu haben brauche und nahm ihn mit in den Garten, wo ich ihn in einen anderen Baum setzte, um ihm dort ein neues Zuhause zu geben.

Auf der Treppe entdeckte ich dann noch ein Mädchen, ungefähr 9 Jahre alt. Sie war erst vor kurzem verstorben und hatte sich auf ihrem Weg nach Hause verirrt. Ich erzählte ihr, dass sie nicht mehr in diese Welt gehöre, erzählte ihr von einer Welt, in der es nur Licht und Liebe gäbe, eine Welt bei Jesus Christus und den Engeln. Dort würde sie viele Menschen wiedertreffen, die sie schon lange kennen würde, und die sie sehr lieben würden.

Ich bat meine Engel, das Mädchen in ihr Licht einzuhüllen und hinaufzubegleiten in den „Himmel". Nachdem Erzengel Ezrael die Kleine nach oben begleitet hatte, entfernte Erzengel Michael alle energetischen Verbindungen, die dieses kleine Mädchen noch an die Erde banden.

Nun war das Haus frei von den Seelen, die sich in ihm aufgehalten hatten, die Energie war wieder klar und rein, und meine Klientin verspürte seit dem Tag keine eisige Kälte und keine seltsamen Gerüche mehr.

Was geschieht, wenn wir sterben

Wie kann es geschehen, dass so viele Seelen den Weg ins Licht nicht finden, dass Milliarden unserer verstorbenen Seelen immer noch hier auf Erden herumwandeln, oftmals nicht wissend, was mit ihnen geschehen ist, nicht wissend, dass das Leben, das sie meinen zu führen, eine Illusion ist?

Über die Erziehung der Menschen in früheren Zeiten, bis in die 50er Jahre hinein, haben wir bereits gesprochen; über eine strenge, gottesfürchtige Erziehung mit einem rachsüchtigen Gott, der jeden Sünder ins Fegefeuer, oder schlimmer noch, in die Hölle wirft.

Schreckliche Vorstellung. Kein Wunder also, dass Menschen, ganz besonders in den ganz frühen Zeiten, so eine Angst vor dem Tod entwickelten, dass sie lieber nicht ins

Licht gingen, als in die Hölle zu kommen; dass sie lieber nicht dem Ruf ihrer Seele folgten, dem Ruf Gottes folgten, als ins Fegefeuer zu kommen.

Wenn Sie einen lieben Menschen haben, der im Sterben liegt, ist es manchmal wichtig, ihm den richtigen Weg zu weisen, ganz besonders dann, wenn dieser Mensch glaubt, in Sünde gelebt zu haben. Dann ist es wichtig, ihm zu sagen, dass ein jeder Mensch, egal ob reich oder arm, ob gut oder böse, von Gott aufgenommen wird, mit offenen Armen und mit all seiner Liebe.

Dort oben, in den göttlichen Bereichen gibt es keine Wertung, keine Bestrafung, keine Abrechnung, keine Hölle. Bestrafungen finden hier auf Erden statt und nicht im „Himmel".

Vielleicht ist es Ihnen möglich, mit diesem Menschen zu beten, wenn er es zulässt und wenn Sie selber dafür offen sind. Dafür eignet sich ganz besonders das Bittgebet des Rosenkranzes, aber natürlich auch jedes andere Gebet.

In vielen ländlichen, katholischen Gebieten wird auch heute noch vor der Trauerfeier das Rosenkranzgebet gesprochen, wobei bestimmte Bittgesuche an Mutter Maria und auch an Jesus Christus gerichtet werden. Ich selber, aus der Stadt kommend, kannte diese Art des Abschiednehmens bis vor einigen Jahren noch nicht, doch dann starb die Mutter einer Freundin, die auf einem alten Bauernhof in einem kleinen Dorf wohnte und dort bis zu ihrem Tode lebte.

In diesem Dorf war es Brauch, dass die Nachbarn sich etwa zwei Stunden vor der eigentlichen Trauerfeier in die Kirche begaben, um dort den Rosenkranz zu beten. Auch ich begab mich mit zwei weiteren Freundinnen dorthin und betete diese Litanei. Was ich ganz erstaunlich fand, war, wie sich durch dieses ständige Wiederholen der gleichen Gebete und Fürbitten, und dadurch, dass sich die Konzentration aller nur auf diese Gebete richtete, die Energie in der Kirche veränderte und extrem angehoben wurde.

Das ist eine wunderbare Tradition, durch die dem Toten der Weg ins Himmelreich geebnet wird. Natürlich ist das nicht überall möglich, aber auch im Kleinen, selbst wenn nur eine Person, vielleicht auch zwei Personen diese Rosenkranzgebete sprechen, wird dadurch ein sehr schöner Übergang geschaffen. Wie mir von Protestanten gesagt wurde, hat Maria wohl nur unter Katholiken den Stellenwert der Heiligkeit, doch ich kenne auch sehr viele Menschen des evangelischen Glaubens, die ebenfalls an Maria als Schutzpatronin und Heilerin glauben.

Ganz wichtig ist es auch, dem Sterbenden zu sagen, dass er keine Scheu haben muss, ins Licht zu gehen, dass ihn dort nur liebevolle Energien erwarten, und sehr häufig auch bereits verstorbene Familienmitglieder oder auch Freunde. Vielleicht sprechen Sie mit den Eltern, Geschwistern oder auch Großeltern, und bitten sie diese, den oder die Verstorbene am Ende des Lichtstrahls abzuholen. Das hilft sehr bei der Bewältigung von Ängsten.

Als meine Großmutter und viele Jahre später meine Tante, die bis zum Tod meiner Großmutter mit ihr zusammengelebt hatte, im Sterben lagen, hatten diese fürchterliche Angst vor dem Tod und seinen Konsequenzen. Ebenfalls aufgewachsen mit dem Bild von Himmel, Hölle und Fegefeuer, mit dem Wissen, nicht alles in ihrem Leben in Liebe getan zu haben, sahen sie ihrem Tod mit Schrecken entgegen.

Beide, meine Großmutter, sowie meine Tante sahen fürchterliche Dinge, und beide sagten, dass, wenn sie die Augen schließen würden, schreckliche Gestalten kämen um sie abzuholen. Beide sahen diese Gestalten tatsächlich vor ihrem „Inneren Auge". Erschreckend diese Vorstellung, nicht?

Wenn ich damals schon gewusst hätte, was ich heute weiß, hätte ich genau das mit ihnen gemacht, was ich Ihnen zuvor geschrieben habe. Ich hätte mit ihnen den Rosenkranz gebetet, ich hätte ihnen gesagt, das Gott alle Sünden verzeiht, dass er nicht der strafende Gott ist, den die Kirche darstellt, sondern ein sehr liebevoller Gott, der jedes seiner Kinder liebt und mit offenen Armen empfängt.

Wenn Sie jetzt sagen, dass das doch nur Einbildung ist, dass es keine Schreckensgeschöpfe gibt, die nach unserem Tod auf uns warten, dann muss ich Ihnen leider sagen, doch, es gibt sie.

Durch unsere Gefühle von Schuld und Angst ziehen wir Seelenfänger an. Ja, Sie haben richtig gehört, schon wieder dieses Wort – Seelenfänger, doch genau das ist es, was diese Geschöpfe der Dunkelheit machen. Sie sind immer auf der Suche nach Seelen, über die sie Macht ausüben können, von deren Angstenergien sie sich ernähren können.

Geister, Dämonen, außerirdische Lebensformen

Diese fürchterlichen Gestalten, die meiner Großmutter und meiner Tante auflauerten, die ihnen in ihren Träumen, und in jeder Minute des so genannten Sekundenschlafes begegneten, sind durchaus real. Es sind zumeist ebenfalls Verstorbene, die allerdings freiwillig, um weiterhin ihre Machtspielchen ausüben zu können, auf unserer Erde verblieben sind.

Sie werden von den Ängsten der im Sterben liegenden angezogen, wie die Motten vom Licht und setzen alles daran, mit Gewalt, oder auch mit ihren Überredungskünsten, dass diese Seelen nicht ins Licht gehen, sondern sich ihnen anschließen, um sodann Macht über sie zu gewinnen.

Doch sind es nicht nur bereits Verstorbene, die sich schwache oder ängstliche Seelen aussuchen, um sie an sich zu binden. In den Zwischenwelten existieren weit mehr Energiewesen, als wir uns vorstellen können!

Wenn ich geistig unterwegs bin, um Häuser, Gärten und ganze Landstriche von „Erdgebunden Seelen" zu bereinigen, kommt es sehr häufig vor, dass ich auch auf dämonische oder dunkle außerirdische Lebensformen treffe. Dabei sind mir bereits so viele unterschiedliche Arten begegnet, mit solch unterschiedlichem Aussehen, dass ich immer wieder erstaunt bin.

Anfangs war ich oft verunsichert, wusste ich doch nicht so Recht, wie ich mit diesen Wesen umzugehen hatte, so überließ ich es meinen Engeln, die richtige Entscheidung zu treffen. Ich kann mit Glück sagen, dass ich diesen Weg niemals alleine gehe, sondern immer mit meinen himmlischen Begleitern unterwegs bin, denen ich vollends vertrauen kann.

So wird zum Beispiel bei der „Entsorgung" anders umgegangen. Außerirdische Wesen werden in goldenen Säcken gefangen und zurück auf ihre Heimatplaneten gebracht. Dämonen dagegen, werden durch ihre Portale zurück auf ihre Ebenen gedrängt und diese Portale danach verschlossen und versiegelt.

Die unterschiedlichen Arten sind dabei sehr interessant, so sind mir bei den außerirdischen Formen sehr viele Reptilienartige in Form kleiner Flugsaurier begegnet, Wesen, die aussahen, wie riesengroße weiße Seesterne mit langen Tentakeln, schwarz gekleidete Wesen von menschenähnlicher Statur, schwarz gekleidet und mit schwarzen Masken, ähnlich Darth Vader.

Dämonen empfinde ich persönlich am bedrohlichsten. Auch unter ihnen findet man viele unterschiedliche Gestalten, angefangen von einzelnen Köpfen, schwarz oder auch rot, die einer Teufelsfratze ähneln, Dinosaurierformen, Dämonen, die Menschengestalt annehmen können, oder aber auch reptilienartige Formen. Diese lassen sich zumeist nur durch die Kraft des Erzengels Michael zurückdrängen oder auch töten. Alle anderen Möglichkeiten wirken vielleicht für eine kurze Zeit, danach würden diese Dämonen aber wieder zurückkehren. Während Erzengel Michael seine Arbeit verrichtet, bete ich gleichzeitig zu Gott und Jesus Christus, um die Wirkung zu verstärken.

Nun fragen Sie sich allerdings, wie diese Wesen es schaffen, auf unsere Erde zu kommen. Da gibt es mehrere Möglichkeiten.

Die Praktiken der schwarzen Messen, des Satanismus, sind eine davon. Diese Rituale, bei denen Menschen- und Tieropfer dargebracht werden und dem Teufel gehuldigt wird, gab es schon immer und in jedem Jahrhundert. Immer wieder wurden auf bestimmten Opferstätten Menschen und Tiere getötet, ihr Blut getrunken und mit satanischen Anrufungen als Gabe an Satan dargebracht.

Auf diesen Stätten wurde viel Blut vergossen und vor allem viel Leid verursacht, welches dämonischen Wesenheiten Tür und Tor öffnete. Auch heute noch, bei jedem satanischen Ritual, öffnen sich Portale, durch die Dämonen auf unsere Erde gelangen.

Diese wiederum loggen sich in die Köpfe, in die Gehirne der Menschen ein und manipulieren sie, machen ihnen Angst und sind auch in der Lage, diese Menschen körperlich zu belästigen und zu verletzen.

Eine weitere Möglichkeit und eine sehr große Gefahr, besonders bei jungen Menschen, sind okkultistische Praktiken wie Gläser- und Tischerücken.

Durch die Anrufung Verstorbener ruft man oft Wesen herbei, die nicht immer friedfertig sind und meistens auch nicht die sind, für die sie sich ausgeben. Manchmal sind es einfach nur Kinderseelen, denen langweilig ist und die sich einen Scherz daraus machen, oder aber auch erwachsene Seelen, die sich mitteilen wollen. Es ist dabei aber auch schon sehr häufig passiert, das bösartige Geister und Dämonen auf diesem Weg auf die Erde gekommen und hier geblieben sind.

Natürlich üben diese Dinge einen ganz besonderen Reiz aus, aber jeder von uns sollte sich im Klaren darüber sein, was er dadurch auslösen kann.

Ganz besonders gefährlich ist es, in Seancen seinen

Körper von einem Geist besetzen und ihn durch sich sprechen und handeln zu lassen. Das hat schon sehr oft dazu geführt, das der Geist oder Dämon diesen Körper auf Dauer besetzt hat, mit dem Erfolg, das die Person in der Psychiatrie gelandet ist.

Bösartige Geister und Dämonen handeln mit Täuschung, List und Tücke, sie können ihre Gestalt verändern, den Menschen Dinge einreden, die ihn oft bis hin zum Selbstmord treiben.

Lange habe ich überlegt, ob ich diese, zum Teil doch heftigen Dinge, in meinem Buch mitteilen möchte, bin aber zu der Ansicht gekommen, dass es einfach wichtig ist, zu wissen, wer und was sich hier auf unserer Erde befindet, und in welchem Maße wir vielfach selbst dafür verantwortlich sind.

Ich weiß nicht, wie viele psychisch kranke Menschen sich in unseren Anstalten befinden, Menschen mit Wahnvorstellungen, die vielleicht mit der Diagnose Psychose oder Schizophrenie diagnostiziert wurden, Patienten, die sich verfolgt fühlen von Wesen, die sie sehen oder auch nur wahrnehmen, deren Stimmen sie hören. Sie werden therapiert und mit Medikamenten vollgepumpt, dabei haben sie oftmals „nur" eine Besetzung, von der sie manipuliert werden und sich Dinge einreden lassen. Oder sie sehen Verstorbene, die sich noch hier auf dieser Erde befinden, nur durch einen hauchdünnen Schleier von uns getrennt. Dieses macht ihnen Angst und führt dazu, dass diese Menschen an sich und ihrem Verstand zweifeln.

Wie gut und hilfreich wäre es für sie zu wissen, das diese Dinge, diese Wesen, die ihnen oft Todesangst bereiten, auf der einen Seite zwar tatsächlich existieren, dass sie aber einfach nur unsere Hilfe benötigen, um ins Licht gehen zu können.

Alleine können sie das nämlich nicht bewerkstelligen. Ihnen fehlt ein Mittler, der beide Seiten sehen kann, die Verstorbenen, aber auch die Wesen der anderen Seite, nämlich unsere Engel, Jesus Christus, Mutter Maria und ebenso das Licht.

Unsere „Erdgebundenen Seelen" sind zu sehr verdichtet und leben zu sehr in ihrer eigenen Vorstellung, um diese Dinge von sich aus wahrnehmen zu können.

Diese Wesenheiten aus den astralen Welten haben sich nun mit uns verbunden, weil wir ihrem Schwingungsmuster entsprechen. Verstorbene Seelen, oft auch aus früheren Inkarnationen, die in uns ein Zuhause gefunden haben.

Sie fühlen sich von uns angezogen und haben sich deshalb in unserer Aura und in unseren Chakren eingenistet. Diese Wesenheiten versuchen uns zu manipulieren, indem sie z.B. ihre Süchte (Rauchen, Alkohol), ihre Aggressionen, ihre Krankheiten (z.B. Depressionen) über uns ausleben.

Immer dann, wenn wir das Gefühl haben, von einer fremden Macht gesteuert zu werden; wenn wir Dinge tun, die wir gar nicht tun wollen, dann sind meistens „Erdgebunden Seelen" dafür verantwortlich. Diese Seelen wollen ihre Süchte und ihre Lebensgewohnheiten beibehalten und sie über uns Lebende ausleben.

Wir befinden uns bereits seit längerer Zeit in einem Transformationsprozess. Unsere Erde ist dabei, stetig ihre Energie zu erhöhen. Ihr Ziel ist es, in die 5. Dimension aufzusteigen, und auch wir Menschen werden ihr dabei folgen. Es ist uns erstmals gestattet, mitsamt unserem menschlichen Körper so einen Aufstieg durchzuführen. Befinden wir uns physisch und psychisch momentan noch in der Dichte der 3. Dimension, werden wir mit der Zeit immer mehr durchlichtet, bis wir schließlich so weit sind, dass Mutter Erde den Aufstieg gemeinsam mit uns durchführen kann.

Aus diesem Grund ist es wichtig, dass alles, was uns Menschen daran hindern will, unsere Energie zu erhöhen, die Erde verlässt. Dazu gehören „Erdgebundene Seelen" ebenso, wie dämonische und dunkle außerirdische Lebensformen, denn viele von ihnen entziehen uns Menschen Energie, sie zwingen uns ihren Willen auf, indem sie uns physisch und psychisch manipulieren. Sie sorgen dadurch für steten Aufruhr unter uns Menschen. Streitereien, Mobbing, politische Unruhen, aber auch Kriege und Terror sind ihre Bestrebungen.

Jahrhundertfluten in Norddeutschland

Seit einigen Jahren wohne ich an der Nordseeküste, dort, wo seit Jahrhunderten heftige Sturmfluten ganze Landstriche ausgelöscht haben. Wenn man sich die alten Karten des vorigen Jahrhunderts ansieht, wird einem bewusst, wie groß die Verluste an Land, Mensch und Vieh waren.

Bis 1511, nach der Antoniusflut, war der gesamte Bereich des Jadebusens noch festes Land und besiedelt. Davor hatte bereits die Marcellusflut um etwa 1200 große Landstriche an der gesamten Nordseeküste vernichtet.

Sehr, sehr viele Menschen sind allein in diesen beiden extremen Fluten umgekommen. Dazwischen und danach gab es auch noch heftige Sturmfluten. Die Deiche wurden immer wieder erneuert, sie wurden immer höher gebaut. Das Land, das sich die Fluten genommen hatte, wurde von den Menschen immer wieder zurückerobert, um dann von erneuten Fluten wieder zerstört zu werden. Während der heftigen Sturmfluten, sind in Laufe der Jahrhunderte allein in Friesland und Ostfriesland rund 300.000 Menschen ertrunken, und ganze Landstriche wurden vernichtet. Sehr, sehr viele dieser Menschen haben ihren Tod nicht realisiert. Es ging einfach zu schnell. Die Flut brach herein, oftmals sogar während der Nacht, als die Bewohner schliefen.

Alles ging so schnell, dass weder der Verstand, noch die Seele begreifen konnte, was geschah. Der Mensch verstarb, ohne sich dessen bewusst zu sein und lebte sein Leben entweder weiter wie zuvor, oder aber, falls er die große Flut mitbekam, befand er sich von dem Zeitpunkt an schwimmend, und gegen die Flut ankämpfend, im Wasser.

Glücklicherweise haben Geister kein Zeitgefühl, aber auch jeden Tag die gleichen Dinge und Situationen aufs Neue zu erleben, muss schrecklich sein. Und wenn wir nun bedenken, dass von diesen 300.000 Toten, die meisten ihren Tod nicht mitbekommen haben, können wir davon ausgehen, dass sich zwei Drittel von ihnen nach ihrem Tod noch immer hier aufhalten. Das Ausmaß zeigt sich ganz besonders auf Feldern, Friedhöfen oder in der Nähe von Gewässern, aber auch in Häusern, Kirchen und auf alten Gehöften.

Wenn sich Familien an mich wenden, sind es oft deren

Kinder, die Geister oder auch Dämonen in ihren Häusern und Wohnungen sehen. Kinder, die in Angst erstarrt sind, nachts nicht mehr alleine schlafen oder sich in bestimmten Räumen aufhalten wollen. In der heutigen Zeit gibt es wesentlich mehr Kinder, die sehr viel mehr wahrnehmen, die mehr sehen, als unser normales Alltagsgeschehen preisgibt. Unsere Welt verändert sich, der Schleier zwischen Himmel und Erde wird immer dünner.

Aber auch viele Erwachsene erzählen mir immer öfter von seltsamen Begegnungen, Gefühlen, veränderten Stimmungen und Träumen. Wenn ich von den Familien kontaktiert werde, bitte ich darum, mir als erstes die Räumlichkeiten ansehen zu können, um mir persönlich ein Bild zu machen von den Stimmungen, von den Besonderheiten und von Schlupflöchern und Portalen, in denen sich oftmals dämonische Wesenheiten aufhalten.

Bereits von außen bemerke ich oft schon einen bestimmten Geruch oder eine starke Verdichtung der Luft, welches sich innerhalb der Räume noch verstärkt.

Ich sehe mir jeden Raum, vom Keller bis zum Dachboden an, mache mir eventuell sogar eine Skizze, wenn das Haus sehr verschachtelt ist. Ich mache mir Notizen, wenn ich bestimmte Punkte bemerke, die ganz besonders belastet sind, oder bei denen ich Portale von dämonischem oder außerirdischem Leben vermute. Ich unterhalte mich mit den Kindern, mit den Eltern, nehme die Schwingungen der einzelnen Personen wahr, die in diesem Haus wohnen und kann mir so ein genaues Bild machen.

Nicht immer ist jeder Geist, jeder Dämon oder jedes außerirdische Wesen zur gleichen Zeit da, deshalb ist es auch wichtig, sich ein Bild davon zu machen, wer sich wann, zu welcher Zeit, wo aufhält.

Meine eigentliche Arbeit erledige ich von zu Hause aus.

In meinen eigenen Räumen, in denen ich geschützt bin, in denen ich mir mit Gottes Hilfe meinen eigenen Schutz aufbaue, um nicht angreifbar zu sein für übernatürliche Angriffe, vor denen natürlich auch ich nicht gefeit bin.

Während meiner astralen Reisen begleiten mich immer zwei meiner ganz besonders geliebten Engel. Mit ihnen habe ich schon so einige Schlachten geschlagen. Sie helfen mir ganz besonders dann, wenn ich es mit Dämonen oder außerirdischen Wesen zu tun habe. Das übersteigt meine Kompetenzen und Fähigkeiten und kann auch sehr gefährlich werden.

Während meiner Arbeit sitze ich zu Hause in meiner Wohnung, baue mit der Hilfe Gottes meinen persönlichen Schutz auf, reinige mich, hülle mich in Licht ein und lasse mein Herzchakra mit Gottes Energien der Liebe auffüllen, um gewiss zu sein, das alles, was ich sage oder tue, in Liebe geschieht.

Ich rufe meine beiden Engel herbei, bitte sie, gemeinsam mit mir, an einen bestimmten Ort zu reisen und begebe mich dann aus meinem physischen Körper heraus, um ein bestimmtes Haus zu besuchen, eine Kirche oder auch einen bestimmten Platz.

Dabei befinde ich mich in meinem Haus, aber gleichzeitig auch dort, wo ich gebraucht werde.

Ich kann nicht genau beschreiben, wie ich für die Wesenheiten, die sich an dem anderen Ort befinden, sichtbar bin, aber sie können mich sehen und auch verstehen. Die meisten von ihnen sind glücklich, endlich das Leben als „Erdgebundene Seele" aufgeben zu können und ins Reich Gottes zurückkehren zu dürfen; manche haben noch etwas Angst und benötigen einige aufmunternde Worte. Letzten Endes gab es aber noch kaum jemanden, der nicht früher oder später ins Licht gegangen ist.

Vor einiger Zeit wurde ich in ein Haus gerufen, in dem beide Kinder, sechs und acht Jahre alt, Geistwesen sahen, die sich tagsüber, besonders aber in der Nacht, in den Zimmern der Kinder aufhalten würden. Ich machte also einen Besichtigungstermin mit den Eltern aus und besuchte die Familie an einem Nachmittag.

Bereits beim Betreten des Hauses bemerkte ich ein Beklemmungsgefühl, welches in einigen Räumen, besonders in den Zimmern der Kinder, ganz besonders stark war. Was mir besonders auffiel, waren die vielen zugestellten Räume, Räume, in die kaum Licht eindringen konnte und die viele Schlupflöcher boten. Auch konnte ich viele dunkle Portale erkennen, z.B. in einem alten Schrank in der Diele, auf dem Fußboden eines der Kinderzimmer, sowie auf dem Dachboden.

Draußen im Garten und auf der Terrasse waren ebenfalls sehr viele Aktivitäten zu spüren, wahrscheinlich, wie ich fand, bedingt durch einen Wassergraben, der direkt am Garten entlanglief.

Wenn ich ehrlich bin, habe ich bis dahin niemals so viele Geistwesen auf einmal gesehen. Das hat mich doch etwas verwirrt, war ich es doch bis dahin nur gewohnt, vielleicht maximal eine Familie gemeinsam zu sehen, auf keinen Fall mehr. Wie sollte ich nun so vielen Wesenheiten Herr werden!

Am gleichen Abend begab ich mich mit meinen beiden Engeln in dieses Haus. Wir gingen von Zimmer zu Zimmer und fanden dort sehr viele verstorbene Seelen vor, ganz besonders in den Zimmern der Kinder, in einem der Badezimmer, in der Garage, auf dem Dachboden, und in der Speisekammer. Sehr stark besucht waren Garten und Terrasse.

Alles in allem waren wohl an die hundert Seelen in diesen Räumen und in den Außenanlagen. Nachdem wir sie alle ins Licht geführt hatten, was bei einigen der Verstorbenen nicht ganz so einfach war, da sie das Leben in diesem Haus ganz schön und interessant fanden, veränderte sich bereits die Dichte der Luft. Sie wurde bereits reiner und klarer.

Aber noch waren wir nicht fertig. Denn im Badezimmer, in der Mitte der Badewanne befand sich ein Portal, aus dem immer wieder Dämonen den Weg ins Haus fanden, ebenso wie in einem Schrank, der in der Diele stand, sowie auf dem Dachboden. Nun waren meine beiden Begleiter gefordert, und es gab heftige Kämpfe, bis die Portale geschlossen und versiegelt werden konnten.

Eine Woche später, nach Rücksprache mit der Mutter der Kinder erfuhr ich, dass die Seelen, die die Kinder geängstigt hatten, weg seien, es seien aber Neue aufgetaucht. Wir mussten also noch einmal einrücken, konnten auch diese Seelen ins Licht führen und auch ein neues Portal schließen.

So ging das noch einige Male weiter, bis ich beschloss, eine zentrale Stelle einzurichten, an die ich mich, zwei Mal die Woche zu einer bestimmten Zeit, begeben wollte. Dorthin sollten von nun an alle „Erdgebundenen Seelen" kommen, um von dort aus ins Licht zu gehen.

Von dem Tag an, begab ich mich an zwei besonderen Tagen in der Woche in eine Kirche meiner Umgebung, und, ich weiß nicht, welches Kommunikationssystem unter den Seelen herrscht, die Kirche war und ist es auch heute noch, immer brechend voll. Nach kurzer Zeit habe ich eine weitere Kirche hinzugenommen, da ich merkte, dass es rund um diese Kirche auch sehr große Aktivitäten gab, und auch dieser Platz ist bis zum heutigen

Zeitpunkt sehr gut besucht.

Leider besuchen nicht nur verstorbene Seelen unsere Kirchen. Leider stellen sich oftmals auch hier Wesenheiten ein, die diese Seelen davon abhalten wollen, ins Licht zu gehen. Sie bedrohen sie, stellen sich ihnen in den Weg, sodass diese nicht ins Licht hineingehen können, und teilweise warten diese Seelenfänger, wie ich sie nenne, auch schon draußen vor den Türen, um die Seelen davon abzuhalten, in die Kirche hineinzugehen.

So sind uns dort in all der Zeit Priester aus früheren Jahrhunderten begegnet, Pastöre, die gekleidet waren, wie jene aus der Zeit Martin Luthers, Nonnen oder Pater aus den unterschiedlichsten Jahrhunderten, oder auch einfach nur Verstorbene, die Macht über Schwächere ausüben wollten.

Schließlich sind aber auch diese Seelenfänger meistens nichts weiter als Seelen, die dem Licht und der Liebe Gottes zustreben, und mit einiger Überredungskunst und mit der letztendlichen Gewissheit, dass Gott nicht der strafende Gott ist, der alle Sünder in die Hölle wirft, sondern dass er der Gott ist, der jedes seiner Kinder in Liebe empfängt, sind auch sie meistens bereit, ins Licht zu gehen.

Doch selbst in den Kirchen halten sich nicht nur Verstorbene auf. Auch dort öffneten sich vor langer Zeit Portale, die Dämonen und dunklen außerirdischen Existenzen den Weg ebneten, um auf unsere Erde zu gelangen. Wenn wir bedenken, wie viel Leid und Sünde sich auch und gerade durch das Mitwirken unserer Kirchen zugetragen hat, ist das kein Wunder.

Auch Kirchen waren in früheren Jahrhunderten Hotspots schwarzmagischer Rituale. Denken wir nur an die

Hexenverbrennungen im Mittelalter, an Kriege, die im Zeichen und angeblich im Namen Gottes geführt wurden, oder daran, dass gläubige Menschen der Kirche ihren letzten Heller geben mussten, nur um sich einen Platz im Himmel zu erkaufen.

Während wir uns in den Kirchen aufhielten, um Verstorbene ins Licht zu führen, kam es deshalb auch dort sehr oft vor, dass bösartige Wesenheiten, durch bereits vorhandene Portale auf unsere Erde kamen.
Diese scheuten sich auch nicht davor, in die Kirchen hineinzukommen. Auch hier kam es zu Kämpfen zwischen Licht und Unlicht, wobei ich sagen muss, dass das Licht immer gewonnen hat, und in letzter Zeit, worüber ich sehr erfreut bin, haben diese Aktivitäten fast ganz aufgehört.
In der Regel kamen bisher immer bis zu tausend Verstorbene in diese beiden Kirchen, sehr viele davon zeigten sich nur als Schatten, was mir anfangs sehr seltsam vorkam, hatten die Verstorbenen, die ich sonst gesehen hatte, sich doch immer so gezeigt, wie sie zu Lebzeiten ausgesehen hatten.
Ich konnte stets ihre Haut- und Haarfarbe sehen, ihre Statur und ihre Kleidung, hier war es nun ganz anders, und ich war etwas verwirrt, wusste nicht, warum das so ist.
Zuerst dachte ich, die Seelenfänger hätten ihnen Energie abgezapft, heute glaube ich, dass diejenigen, die sich völlig farblos und durchsichtig zeigen, Ertrunkene aus den vielen Sturmfluten hier in Friesland sind. Diese nehmen ungefähr zwei Drittel aller Seelen ein, das andere Drittel besteht aus Seelen, die sich in ihrem normalen Aussehen zeigen.
Wie lange diese verstorbenen Seelen bereits auf unserer

Erde herumgeistern, sehe ich sonst an deren unterschied-
lichstem Aussehen, an ihrer Kleidung, an ihren Frisuren.
Immer wieder ist es äußerst interessant zu sehen, welcher Zeit, aber auch welchem Land diese Wesenheiten
entstammen.
So habe ich schon russische Kosaken gesehen, die wahrscheinlich als Kriegsgefangene hier in Deutschland gestorben sind, Priester, Pater und Nonnen aus den unterschiedlichsten Kulturkreisen, Ritter in ihren Rüstungen,
viele von ihnen auf ihren Pferden sitzend, Soldaten aus
den unterschiedlichsten Kriegen und Jahrhunderten,
aber auch ganz normale Männer, Frauen und Kinder.

Alte Soldatenfriedhöfe und Gedenkstätten

Vor einigen Monaten besuchte ich mit einem Freund einen alten Soldatenfriedhof. Hier auf diesem Friedhof,
liegen die Gebeine gefallener Einheimischer aus den beiden Weltkriegen, aber auch Gedenkstätten mit Kreuzen,
an denen die Namen der Gefallenen geschrieben stehen,
die nicht in ihrer Heimat begraben werden konnten. An
anderen Stellen des gleichen Friedhofs, befinden sich
Gedenkstätten für zumeist russische Kriegsgefangene,
die ihr Leben außerhalb der Heimat verloren haben.
Sobald wir den Friedhof betreten hatten, spürte ich und
selbst mein Freund, wie wir völlig in Energie eingehüllt
wurden. Von den Füßen bis zu den Haarwurzeln spürten
wir diese Energie. Es war so extrem, wie ich es noch nie

in meinem Leben zuvor und bisher auch nicht danach, gespürt hatte. Doch ich wusste, diese Seelen baten um Erlösung.

Wieder zu Hause, setzte ich mich sogleich hin und bat meine Engel, mich zu den Schlachtfeldern zu führen, auf denen diese Soldaten ihr Leben gelassen hatten. Wir begaben uns zu mehreren Schlachtfeldern in Russland und auch in Deutschland, aber auch in deutsche Strafgefangenenlager und, nachdem ich alle verstorbenen Seelen zu uns gerufen, ihnen erzählt hatte, was ihnen zugestoßen war und was nun weiter mit ihnen passieren würde, konnten wir schließlich alle Seelen ins Licht führen.

Ein paar Tage später ging ich noch einmal zu diesem Friedhof, um die Energien zu testen. Dieses Mal waren nur noch an vereinzelten Stellen etwas stärkere Energien zu spüren. Dieses Mal begab ich mich während meiner Astralreise direkt auf diesen Friedhof, denn auch dort waren noch einige Seelen, die ins Licht geführt werden wollten. Ich verband mich aus meinem Zuhause mit meinen Engeln, bat sie, mich zum Friedhof zu geleiten, rief auch dort alle verstorbenen Seelen zusammen und führte sie ins Licht.

Seitdem ist dieser Friedhof neutral, ich verspüre dort keine Energieströme mehr.

Es erstaunt mich immer wieder, wie viele Gedenkstätten, wie viele alte Bunker, Soldatenfriedhöfe und sogar Konzentrationslager es hier in Friesland gibt.

Wie im Fall eines ehemaligen Konzentrationslagers in Wilhelmshaven. In der Zeit von September 1944 bis April 1945 befand sich dort eine Nebenstelle des Konzentrationslagers Hamburg-Neuengamme.

1125 Gefangene waren dort inhaftiert. Sie wurden

überwiegend zu Arbeiten auf der Marinewerft eingesetzt. Hier in diesem Lager, wurden mindestens 234 Menschen durch Folter, Erschießen, Erhängen, Erschlagen, durch Hunger und Kälte und durch fehlende oder mangelnde ärztliche Versorgung ermordet. Die Bodenfundamente eines Teils des Lagers sind noch sehr gut erhalten und befinden sich als Mahnmal noch genau an dieser Stelle.

Auch hier befanden sich noch jede Menge Restenergien von Resignation, Schmerz und Trauer, aber auch von Wut, Hass und Todeskampf. Auch für diese Energien war es jetzt wichtig, erlöst zu werden, denn auch das sind Aspekte, die mit ihrer Seele wieder zusammengeführt werden müssen.

Gemeinsam mit meinen beiden himmlischen Begleitern, habe ich bereits viele Länder bereist. Ich war auf den Kriegsschauplätzen in Russland während des 2. Weltkrieges, im Konzentrationslager in Auschwitz, im deutsch-französischen Krieg 1870/71, bei den Bauarbeiten an der Chinesischen Mauer, beim Krieg in Syrien, in alten Burgen und Schlössern, in sehr vielen Kirchen, bei Unglücken auf See, und vielem mehr.

Erstaunlich dabei ist es, wie unterschiedlich sich die Energien anfühlen. Während sich die Energieströme, die mich auf dem vorher beschriebenen Friedhof erfassten, durchweg klar und hell waren, fühlen sich viele, wenn nicht sogar die meisten Energien, dunkel und dumpf an, oft auch feindselig.

Vor Kurzem sprach mich eine mir bereits bekannte Dame an. Ihre Kinder sollten zur Einschulungsfeier eine bestimmte Kirche besuchen. Sie würden sich allerdings weigern in diese Kirche hineinzugehen, und sogar auf den kleinen Friedhof davor, sowie auf den dazugehörigen Parkplatz, wollten sie nicht gehen. Sie fragte mich, ob ich dort nicht einmal nachsehen könnte, worum es sich dabei handelt.

Ich besuchte die Kirche an einem sonnigen Tag im Juni. Sie entpuppte sich als eine der wunderschön gestalteten, mit farbigen Bänken, einer riesigen Orgel und einem großen, wunderbar dekorierten Altar ausgestatteten Kirchen, die man in dieser Gegend oft findet. Früher waren es einmal katholische Kirchen, seit der Lutherzeit allerdings, als sich herauskristallisierte, dass der Großteil der Menschen, die hier in dieser Gegend wohnten, zum Protestantismus wechseln sollten, wurden sie zu evangelischen Kirchen umfunktioniert.

Bereits beim Betreten des kleinen Friedhofs, der die Kirche umgibt, spürte ich diese dumpfe Energie, die alles umgab. In der Kirche sollte es nicht besser werden, ganz besonders im Zentrum des Mittelgangs fühlte ich es ganz deutlich. Hier war so einiges passiert in früheren Jahrhunderten.

Ich wollte mich jetzt noch nicht in diese Energie hineinbegeben, sondern wollte, wie gewohnt, von zu Hause aus arbeiten. Als ich den Parkplatz betrat, auf dem mein Auto parkte, spürte ich auch dort ganz starke Energieströme. Es ist selten, dass selbst die Außenanlagen so starke Energien anzeigen, was mir zeigt, dass hier doch einiges geschehen ist, was mit Tod, Qual und Verderben zu tun hat.

Nachdem ich mich zu Hause mit der geistigen Welt verbunden, meinen Schutzschild hochgefahren und mich mit meinen beiden Engeln verbunden hatte, bat ich sie, gemeinsam mit mir, diese Kirche zu besuchen. Ich bat sie, dieses Mal zuerst auf dem Friedhof haltzumachen, danach in die Kirche zu gehen und zuletzt den Parkplatz aufzusuchen.

Auf dem kleinen Friedhof angekommen, bat ich alle Seelen, die sich dort befanden, zu uns zu kommen. Ich stellte uns vor und erzählte ihnen, aus welchem Grund wir zu ihnen gekommen waren; dass wir gekommen seien, um sie zu erlösen, um ihnen die Chance zu geben, ins Licht zu gehen, ihre Seelen nach Hause, zu Gott zu bringen, etwas, was sie damals, zum Zeitpunkt ihres Todes, nicht geschafft hatten. Ich bat die Engel des Lichts das Tor zum „Himmel" zu öffnen, um diese Seelen eintreten zu lassen, in die göttlichen Ebenen. Sofort öffnete sich der „Himmel" und ein riesiges helles Licht erschien, so hell, dass seine Strahlen den ganzen Friedhof einhüllten. So konnten all diese Verstorbenen endlich, nach so vielen Jahrzehnten hinübergehen und ihre Seelen nach Hause bringen.

Nun begaben wir uns in die Kirche hinein. Hier waren, ganz besonders in der Mitte des Hauptgangs, wieder ganz starke Energien zu spüren. Ich konnte fühlen, dass hier mehr passiert sein musste und bat meine Engel mir zu zeigen, was in dieser Kirche passiert ist. Ich konnte sehen, dass auf diesem Platz in der Zeit des Mittelalters, ein Richtplatz gewesen war. Hier wurden die Urteile gefällt, die die Gefangenen zum Tode verurteilten. Hier wurde bestimmt, wer den Tod am Strang, den Tod durch Verbrennen, durch Enthauptung und durch weitere furchtbare Tötungsmethoden erleiden musste.

Ich bat nun auch hier alle Verstorbenen, all die Seelen, die sich noch hier, am Ort ihres Todes aufhielten, sei es durch grenzenlose Wut und Hass auf ihre Vollstrecker oder auch nur, weil sie nach ihrem Tod völlig durcheinander waren und dadurch ihren Aufstieg verpasst hatten, zu uns zu kommen. Auch diese Seelen bekamen nun die

Möglichkeit, ins Licht zu gehen, was auch ein jeder von ihnen nutzte.

Als letztes begab ich mich, gemeinsam mit meinen beiden Engeln, auf den Parkplatz der Kirche. Hier waren die Energien am stärksten, und ich vermutete, dass hier noch schlimmere Dinge passiert sein mussten als an den anderen beiden Plätzen.

Ich bat die verstorbenen Seelen mir zu zeigen, was auf diesem Platz geschehen war, und ich sah Männer, Frauen und Kinder in Ketten. In Gefangenenkarren wurden sie von der zuschauenden Menge mit Eiern und faulem Obst beworfen, sie wurden gefoltert, erhängt, geviertelt oder ertränkt. Einfach schrecklich, was Menschen sich einfallen lassen, um andere Menschen zu quälen.

Allein dadurch, dass jemand jetzt ihr Leid anerkennt, ihnen sagt, dass, egal was sie zuvor auch getan haben mögen, sie diese Qual nicht verdient haben, nimmt ihnen ein wenig von ihrer Wut, von ihrem Hass, und sie sind bereit, mir zuzuhören. Sie sind es leid, immer weiter in diesem Elend zu leben, sie sind bereit ins Licht zu gehen, sie sind bereit mir zu glauben, dass dort, wo das Licht ist, sie in Liebe und mit Verständnis aufgenommen werden, von einem Gott, der sie bedingungslos liebt, ganz egal, was sie in ihrem irdischen Leben angestellt haben. Nachdem auch diese Seelen ins Licht gegangen waren, konnte ich feststellen, dass sich hier auf diesem Platz, hier, wo so viel Schlimmes passiert ist, noch sehr viel dunkle Energie zusammengeballt hatte. Hier hatten sich Elementale gebildet. Energien, die sich durch Hass, Wut, Trauer, Hunger, Durst, Schmerz und dem ganzen Elend dieser gepeinigten Seelen angereichert, zusammengeballt und schließlich zu eigenständigen Wesenheiten geformt hatten.

Nachdem auch diese Wesen von den Engeln abgeholt und ins Licht geführt wurden, konnte ich spüren, wie die Dunkelheit und Düsternis verschwanden. Somit war unsere Arbeit hier an dieser Kirche beendet.

Schutzmaßnahmen

Ganz besonders für Kinder ist es wichtig sich zu schützen, spielerisch zu lernen, sich abzugrenzen, Schutzmauern zu errichten, für sich selbst, für ihr Haus, für ihre Familie. Kindern fällt es oft noch leicht, mit Licht zu spielen, sich mit dem Licht der Sonne zu verbinden, sich von diesem Licht vollkommen ausfüllen und einhüllen zu lassen.

Sie können sich in verschiedene Farben hüllen, das Licht wandern lassen, ein ganzes Zimmer damit ausfüllen, dann die ganze Stadt und schließlich die ganze Erde. Sie können sich vorstellen, in einem Kegel zu sitzen oder in einer Kugel, die sie dann mit weißem oder goldenem Licht ausfüllen.

Sie können auch einen Schutzzauber sprechen, der besagt, dass keine dunklen Energien oder Wesenheiten ihren Schutzraum betreten dürfen. Diese Fähigkeit sollten Eltern nutzen, um mit ihren Kindern zu lernen, denn in der Gemeinschaft macht alles noch mehr Spaß, und ganz ehrlich, auch für Eltern und Großeltern, für Lehrer und Erzieher, für alle Erwachsenen ist Schutz wichtig.

Lernen Sie von Ihren Kindern, lassen Sie sich von ihnen hineinführen in die Welt der Magie, nutzen Sie deren Vorstellungskraft, deren Phantasie.

Auch kleine Meditationen, in denen Kinder und natürlich auch Erwachsene lernen können, ihre Phantasie zu
schulen, sind sehr hilfreich dabei, sich in andere Welten
und Formen hineinzubegeben.
Die folgende Meditation finde ich auch für kleinere Kinder sehr schön. Sie können dem Geschehen meist sehr
gut folgen und sich in die Dinge hineinversetzen.

Flug auf der Libelle

Mache es dir ganz gemütlich, dort wo du gerade bist, in
deinem Bett, auf dem Sofa oder auch auf dem Fußboden.
Ganz egal, wo du dich gerade befindest. Stelle dir einen
Ballon vor, in den du all deine Sorgen, all das, was dich
gerade beschäftigt, hineinpackst ...
Hast du das geschafft? Vielleicht ist dein Ballon ja doch
viel größer geworden, als du ihn dir zuerst vorgestellt
hattest. Das macht aber nichts. Denn wenn du jetzt deinen Ballon fliegen lässt, fliegen all deine Sorgen mit ihm
hinauf in den Himmel.

Vielleicht kannst du spüren, wie dein Herz leichter wird,
wie sich der Knoten, den du vielleicht in deinem Bauch
gespürt hattest, sich aufgelöst hat. Gut so, denn nun
kannst du dich ganz auf diese kleine Geschichte einlassen.

Stell dir vor, wie du an einem kleinen Bach spazieren
gehst. Sieh dir das Wasser an. Es plätschert lustig über
dicke, mit Moos bewachsene Steine. Das Wasser in dem

Bach ist so klar, dass es dich zum Trinken einlädt. Wenn du nun durstig bist, dann versuche ein wenig von dem Wasser zu kosten.

Vielleicht hast du ja ein kleines Glas bei dir, oder du stellst es dir einfach vor. Vielleicht machst du aber auch eine Schale aus deinen Händen, oder du legst dich auf den Bauch und schlürfst das Wasser direkt aus dem fließenden Bach. Trinke ruhig so viel, wie du magst. Hmmm. Das tut gut.

Nun bist du erfrischt und kannst weitergehen.

Die Ränder des kleinen Bächleins sind auf beiden Seiten dicht bewachsen mit Blumen, Sträuchern und Gräsern. Ganz viele Hummeln, Bienen und Schmetterlinge fliegen umher. Sie setzen sich immer wieder auf die bunten Blütendolden, auf der Suche nach süßem Nektar.

Vielleicht hast du nun Lust, dich ein wenig ans Ufer des kleinen Baches zu setzen. Suche dir eine gemütliche Stelle, die dich zum Sitzen einlädt. Ein Platz, an dem das Ufer nicht ganz so zugewachsen ist. Vielleicht gibt es auch einen kleinen Sandplatz, an den du dich setzen kannst.

Sieh dich ganz in Ruhe um, und wenn du einen schönen Platz zum Sitzen gefunden hast, dann ruhe dich ein wenig aus. Wenn du Lust hast, ziehe deine Schuhe und Strümpfe aus, und lasse deine nackten Beine einfach im kühlen Wasser baumeln.

Du kannst nun fühlen, wie das Wasser um deine Waden fließt. Du fühlst den Sand unter deinen Fußsohlen und zwischen deinen Zehen, und vielleicht hast du nun Lust, mit deinen nackten Füßen ein wenig durch den Bach zu laufen, zu plantschen und zu springen, oder nach lustigen bunten Steinen zu suchen, die sich zahlreich in diesem Bach versteckt haben.

Vielleicht hast du ja einige lustige Steine gefunden. Die, die dir besonders gut gefallen, kannst du ruhig in deine Hosentasche stecken und sie nachher mit nach Hause nehmen. Lass dir ruhig ein wenig Zeit, das Wasser zu erforschen. Suche ganz in Ruhe die richtigen Steine für dich aus.

Bunt schillernde Libellen fliegen nun heran. In wahnsinniger Geschwindigkeit flitzen sie an dir vorbei, um nach kurzer Zeit wieder zu dir zurückzukehren. Sie halten sich niemals lange an einem Ort auf, sind immer in Bewegung. Du stellst dir vor, wie es wäre, auf einer dieser Libellen zu sitzen und durch die Lüfte zu fliegen.

Kaum hast du diesen Gedanken zu Ende gedacht, kommt eine Libelle auf dich zugeflogen und setzt sich direkt vor deinen Füßen auf den Boden. Die Libelle ist riesengroß. Sie ist viel größer als du. Oder kann es sein, dass du so winzig klein geworden bist? Du bist dir nicht ganz sicher, aber nun siehst du dich um, und du bemerkst, dass alles um dich herum ebenfalls riesig groß geworden ist.

Der kleine Bach ist zu einem großen Fluss geworden, Gräser, Blumen und Büsche erscheinen dir wie ein Urwald. Du bist winzig klein, und aus Angst, von dem Wasser des Flusses mitgerissen zu werden, steigst du ganz schnell auf den Rücken der Libelle, die dich abwartend mit ihren großen Augen ansieht. Sofort erhebt sie sich mit dir in die Lüfte, und in rasendem Tempo, fliegt sie mit dir über den Bach hinweg, immer schneller und schneller.

Und du genießt diesen Flug. Deine Sorgen, du könntest dich auf dem Rücken der schnellen Libelle nicht halten, erweisen sich als falsch. Es ist suuuper bequem hier. Mit beiden Händen hältst du dich an dem schmalen Körper fest. Du beugst dich weit nach vorn, um von dem pfeifenden Wind nicht hinunter geweht zu werden.

Ganz nah fliegt ihr an Blumen und Büschen vorbei. Über Wiesen und Seen hinweg. Riesig groß erscheint dir jeder Grashalm, so dass du dich wie im Dschungel fühlst, und jede Blüte sieht aus, wie eine riesige Decke mit einem Blumenmotiv.

Die Libelle fliegt mit dir den Bach entlang. Auf der Suche nach Nahrung, sucht sie das ganze Gebiet ab. Immer wieder stürzt sie sich auf kleine Fliegen und Mücken, um ihren Hunger zu stillen. Du wunderst dich, wie sie bei der Geschwindigkeit überhaupt fressen kann. Du hast gar keinen Hunger. Du genießt einfach nur den Flug, und du findest immer mehr Gefallen daran, kreuz und quer durch die Wiesen und übers Wasser zu jagen.

Hin und wieder gesellen sich andere Libellen zu euch und begleiten euch eine Zeit lang. Ihr setzt euch mit ihnen eine Weile gemeinsam ins hohe Gras und lasst euch von der Sonne bescheinen, um neue Kraft zu tanken, denn ihr seid schon ziemlich weit geflogen.

Langsam wird es auch Zeit, den Rückweg anzutreten. Du setzt dich wieder auf den Rücken der Libelle, und gemeinsam dreht ihr um und fliegt den Bach entlang, bis ihr an die Stelle kommt, an der eure gemeinsame Reise begann.

Steige nun vom Rücken der Libelle herunter. Bedanke dich bei ihr für diesen wunderschönen Flug, und, wenn du magst, streichelst du ihr zum Abschied noch einmal liebevoll den Kopf.

Noch während du dich von deinem neuen Freund verabschiedest, bemerkst du, wie du immer größer und größer wirst.

Deine Libelle ist plötzlich nur noch so groß, wie einer deiner Finger, Gräser und Blumen sind wieder ganz klein geworden, sie sind nun kein undurchdringlicher Dschungel mehr.

Du siehst nun alles wieder aus der Perspektive eines Menschen. Deine Zeit als kleiner Winzling ist vorüber. Du siehst deine Strümpfe und Schuhe im Gras liegen, und du ziehst sie an.

Während du noch einmal tief ein- und ausatmest, deine Arme und Beine bewegst, dich kräftig reckst und streckst und deine Augen öffnest, siehst du dich wieder in deinem Zimmer sitzen, dort, wo deine Reise begann, auf deinem Bett, deinem Sofa oder auch auf dem Fußboden.

Gedankenkontrolle

Um unsere Gedanken vollkommen frei zu machen von jeglichem Stress, von unseren Sorgen und Nöten, ist es wichtig, sich eine Insel zu schaffen. Eine Insel, die es uns ermöglicht, ganz zur Ruhe zu kommen.

Hierbei sind Rituale wichtig. Eines dieser Rituale kann zum Beispiel sein, wie in der Einleitung der vorangegangenen Meditation, seine Gedanken frei zu machen. Seine Gedanken und Sorgen in einen Ballon zu packen, ist aber nur eine von vielen Möglichkeiten. Dabei ist es ganz egal, wie wir es uns vorstellen.

Eine Möglichkeit ist, seine Sorgen gedanklich in den Ballon einfließen zu lassen oder aber, sich einen

Fesselballon vorzustellen, mit einem Korb, in den wir all unsere blockierenden Gedanken hineinpacken. Je mehr Sorgen und Nöte wir haben, desto größer wird der Korb, der sich unter dem Fesselballon befindet, und schließlich lassen wir auch ihn, mitsamt unserer Probleme, in den Himmel hinein fliegen.

Eine andere Möglichkeit besteht darin, all unsere Sorgen in eine Kiste zu packen - je mehr Sorgen, desto größer wird auch hier die Kiste - und sie in einem See oder im Meer zu versenken. Oder aber, wie in unserer nächsten Meditation, werfen wir unsere Probleme in ein großes Feuer. Unserer Phantasie sind auch hier keine Grenzen gesetzt.

Für etwas größere Kinder habe ich hier noch eine weitere Meditation. Sie wird ihr Kind in futuristische Welten entführen.

Im Wolkenflugzeug auf den Weg ins Weltall

Suche dir einen Platz, an dem du ganz alleine bist, vielleicht in deinem Zimmer auf deinem Bett, auf dem Sofa, oder auch auf dem Fußboden, ganz egal wo, Hauptsache, du fühlst dich wohl.

Mache es dir ganz gemütlich, schließe deine Augen, und stelle dir ein Lagerfeuer vor, ein großes, gemütliches Lagerfeuer, mit einem ganz warmen Lichtschein.

Packe nun all deine Sorgen, all deine Probleme auf deine beiden Arme. Vielleicht brauchst du eine kleine Weile, um all deine Sorgen und Gedanken zu sammeln. Nimm dir all die Zeit, die du dazu brauchst.

Wenn du es geschafft hast, wenn du all deine Sorgen auf deine beiden Arme gepackt hast, dann werfe sie ins Lagerfeuer hinein, wo sie im Schein des Lichts verbrannt werden. Nun kannst du ganz loslassen.

Jetzt, wo dein Kopf frei ist von allen Gedanken, stelle dir vor, wie du auf einer grünen Wiese spazieren gehst. Es ist Sommer. Du trägst heute nur leichte sommerliche Kleidung. Die Sonne scheint auf dich herab. Ganz leicht scheint sie auf dein Gesicht und auf deine nackten Arme und Beine.

Auf deine Schuhe hast du heute ganz verzichtet, die brauchst du heute nicht. Mit deinen nackten Füßen läufst du über die dicke, weiche Wiese. Du spürst die weiche, fleischige Grasdecke unter deinen Fußsohlen, und du gehst immer weiter, bis du einen Platz gefunden hast, auf dem du ganz weich liegen oder sitzen kannst.

Du hast Lust auf eine kleine Pause, und du legst oder setzt dich ins weiche duftige Gras. Um dich herum, herrscht angenehme Stille. Bis auf das Singen der zahlreichen Vögel und das Rauschen der Blätter in den Bäumen, ist hier kein Laut zu hören.

Dein Blick ist nach oben in den Himmel gerichtet. Zahlreiche kleine und größere Wölkchen erscheinen vor deinen Augen. Du siehst zu ihnen hinauf, und vielleicht kannst du nun sehen, wie sie immer wieder ihre Form verändern, um sodann vom leichten Strom des Windes weitergeschoben zu werden, bis sie ganz aus deinem Blickfeld verschwinden.

Eine dieser Wolken hat es dir besonders angetan. Sie ist größer als die anderen Wolken und von zart blauer Farbe.

Wenn du nun zu ihr hinaufschaust, kannst du sehen, wie sie immer wieder ihre Form verändert, wie sie nach und nach die Gestalt eines Flugzeugs annimmt. Ein Flugzeug, dass immer noch die Struktur und die Farbe der Wolke besitzt, ein Flugzeug, das leicht und luftig ist. Doch gleichzeitig ist dieses Wolkenflugzeug ganz genau so ausgestattet, wie jedes andere Flugzeug, das du kennst.

Du hast das Gefühl gerufen zu werden. Gerufen von einer kleinen zarten Stimme, und gleichzeitig hast du das Gefühl, immer ruhiger und schläfriger zu werden. Dir fallen die Augen zu, und sofort fängst du an zu träumen. In deinem Traum folgst du der leisen zarten Stimme, und du fühlst dich hinaufgehoben von unsichtbaren Armen, die dich ganz sanft hineinheben in die blau-weiße Wolkenwelt.

Du spürst den leichten Wind, der um deinen Körper weht, und du kannst fühlen und sehen, wie du mit schneller Geschwindigkeit emporschwebst – immer höher und höher – bis hinein in den Himmel.

Plötzlich siehst du dich in dem hellblauen Wolkenflugzeug sitzen. Du kannst nicht sagen, wie du hergekommen bist, aber nun sitzt du in der Kabine des Flugzeugs. Du kannst spüren, wie dieses kleine Flugzeug gestartet wird und schließlich, mit dir als Passagier, davonfliegt.

Das Flugzeug fliegt mit dir durch die dichte Wolkendecke hindurch und über sie hinweg. Es steigt immer höher in die Lüfte. Lange schon kannst du die Erde nicht mehr sehen. Du weißt, dass dein Flugzeug mit dir zu anderen Planeten fliegt.

Du möchtest heute den Planeten XHLYVZ besuchen. Dort, auf diesem Planeten, möchtest du heute deinen Doppelgänger kennenlernen. Einen Menschen, der genau so aussieht wie du, aber in einer ganz anderen Welt lebt. Dein Wolkenflugzeug kennt ganz genau den Weg dorthin. Es fliegt mit dir immer weiter, immer höher hinauf, den entferntesten Galaxien entgegen.

Mittlerweile ist es dunkel geworden. Du betrachtest den Sternenhimmel, und du siehst, wie sich aus der Vielzahl der Sterne und Planeten, nun ein ganz besonders aussehender Planet herausbildet. Dieser Planet ist wesentlich kleiner als unsere Erde. Vielleicht ein Drittel ihrer Größe. Ihr seid inzwischen so nah herangekommen, dass du sehen kannst, dass es auch auf diesem Planeten Meere und Flüsse, Berge und Wälder gibt. Du bist schon so gespannt, dass du es fast nicht mehr abwarten kannst.

Ihr fliegt immer näher an den fernen Planeten heran. Du kannst nun sehen, wie sich die feste Hülle, die du von Weitem gesehen hast, auflöst, und du kannst nun bereits Flüsse, Meere, grüne Wälder und Wiesen sehen, ganz so, wie du es von der Erde her kennst.

Du kannst Häuser sehen, Straßen und auch Menschen. Doch anders als bei dir zu Hause, sind hier alle Häuser aus Glas. Alles ist hier viel moderner, viel sauberer, viel neuer. Autos fahren nicht auf den Straßen, sondern schweben 4-5 Meter über dem Erdboden hinweg. Auch dein Flugzeug fliegt über die Köpfe der Menschen hinweg, um schließlich auf einer gläsernen Landebahn zu landen.

Du steigst aus deinem Flugzeug aus, und sofort wirst du begrüßt, von einer Person, die ganz genau so aussieht wie du, nur zufriedener, glücklicher und strahlender. Dein Doppelgänger stellt sich dir vor. Er schließt dich in seine Arme, und du siehst ihm an, wie sehr er sich freut, dich zu sehen.

Sofort führt er dich überall herum. Er zeigt dir die Stadt, in der er wohnt, das Haus, in dem er lebt, und er zeigt dir all die Neuerungen, die diese Stadt aufzuweisen hat. Er zeigt dir eine Stadt, wie sie vielleicht auch in deiner Zukunft aussehen könnte.

Du betrachtest die Autos, die über deinem Kopf dahinschweben, und du bekommst plötzlich große Lust, auch einmal in so einem Auto zu fahren.

Sogleich landet eines dieser Fahrzeuge vor deinen Füßen. Du steigst ein, und schon geht die Fahrt los. In rasantem Tempo gleitet ihr dahin. Du schaust aus dem gläsernen Auto heraus, siehst, wie andere Fahrzeuge an euch vorbeihuschen, wie sie über und unter euch herfahren, wie sie euren Weg in wahnsinnigem Tempo kreuzen, und du wunderst dich, dass keines der Autos mit euch zusammenstößt.

Nach kurzer Zeit hast du dich an die Fahrweise gewöhnt, und du genießt die rasante Fahrt. Dein Doppelgänger erzählt dir, dass viele Menschen auf diesem Planeten gar kein Fahrzeug mehr benötigen, um sich fortzubewegen. Denn sie besitzen bereits die Fähigkeit, sich durch ihre eigenen Gedanken, von einem Ort zum anderen zu bewegen. Und er erzählt dir, dass auch er diese Fähigkeit beherrscht. Wenn du es wünschst, so sagt er, könne er dir zeigen, wie schnell und einfach das geht. Und er sagt dir, man würde diese Art der Fortbewegung „Teleportieren" nennen.

Natürlich bist du völlig begeistert und möchtest am liebsten sofort mit ihm durch die Lüfte sausen. Dein Doppelgänger nimmt dich bei der Hand, und ehe du denken kannst, befindest du dich bereits an einem anderen Ort. Du befindest dich mitten in einem riesigen gläsernen Raumschiff.

Das Raumschiff besteht aus fünf Ecken, aus einem Dreieck, das mit der Spitze nach vorne zeigt, und aus einem breiten Rechteck an der Hinterseite des Schiffes. Es ist so riesig, dass viele Leute bequem darin stehen und laufen können.

In der Mitte des Raumschiffs befindet sich ein riesiges Schaltpult, das selbständig, nur durch den Einsatz von Sprache, jedes Manöver, jede Richtungsänderung und jede Bewegung des Schiffes lenkt. Du siehst Roboter, die wie Menschen aussehen und die, auch vollkommen selbständig, die verschiedensten Aufgaben übernehmen. Um dir zu zeigen, wie das Raumschiff funktioniert, startet der Kommandant das große Schiff, und ihr fahrt durch das Weltall. Wieder siehst du Sterne und Planeten und auch unsere Erde, die dir von hier oben, ganz schön klein vorkommt. Du siehst den Mond des Planeten XHLYVZ, der viel kleiner ist, als der Mond unserer Erde, und du siehst viele verschiedene Sternbilder, die dir völlig fremd sind und dir riesig groß erscheinen.

Dadurch, dass das ganze Schiff aus Glas besteht, hast du das Gefühl, als würdest du im Weltall schweben, ganz ohne Begrenzungen, vollkommen schwerelos. Atemberaubend schnell und sicher gleitet ihr durchs All.

Du musst dich fast die ganze Nacht über hier in diesem Raumschiff befunden haben, denn plötzlich siehst du, wie die Sonne aufgeht. Ein neuer Tag beginnt. Das Raumschiff setzt zur Landung an. Unter dir siehst du den Planeten, auf dem du für kurze Zeit Gast sein durftest, und je näher ihr dem Platz kommt, von dem aus ihr am Abend zuvor losgeflogen seid, desto deutlicher kannst du wieder alles erkennen. Du siehst, wie zahlreiche Menschen durch die Straßen laufen, und du siehst wieder die gläsernen Autos, die über den Köpfen der

Menschen hinwegschweben.

Euer Raumschiff sucht sich nun einen geeigneten Landeplatz, was auf dem Planeten XHLYVZ gar nicht schwierig ist. Es landet nämlich nicht auf einer normalen Landebahn, sondern es hält oben in der Luft, etwa zehn Meter über dem Boden an, und während es schwebend in der Luft hängt, öffnet sich an seinem unteren Ende eine große Luke, und ein kreisrunder Lichttunnel, der etwa einen Meter im Durchmesser misst, und in den sich mindestens drei Menschen gleichzeitig hineinstellen können, reicht vom Raumschiff aus bis hinunter auf den Boden.

Dein Doppelgänger nimmt dich wieder an die Hand, stellt sich mit dir in dieses Licht hinein, und gemeinsam mit ihm, schwebst du den Lichtstrahl hinunter. Noch ehe du dich versiehst, bist du schon unten angekommen. Huch, ist das aufregend. Am liebsten würdest du gleich nochmal ins Raumschiff hineinschweben und noch eine Runde durch das Weltall drehen. Doch leider wird es nun Zeit, nach Hause zu fliegen. Dein Wolkenflugzeug wartet bereits auf dich, um dich sicher und heil zurück auf die Erde zu bringen.

Verabschiede dich nun von deinem Doppelgänger und steige ins Flugzeug hinein.

Während dein Wolkenflugzeug sich vom Boden erhebt, siehst du noch einmal auf die gläserne Landebahn hinunter. Du siehst deinen Doppelgänger immer kleiner werden, bis er plötzlich aus deinem Sichtfeld verschwunden ist, und auch die schwebenden Autos werden immer kleiner. Dein Flugzeug versinkt in der Wolkendecke.

Langsam wirst du müde. Dir fallen am Steuer des Flugzeugs die Augen zu, und du schläfst ein. In deinen

Träumen siehst du dich noch einmal auf dem Planeten XHLYVZ. Du siehst wieder alles vor dir. Deinen Doppelgänger, die schwebenden Autos, die gläsernen Häuser und das Raumschiff.

Du spürst noch einmal, wie es sich angefühlt hat, von einem Ort zum anderen teleportiert zu werden und auch, wie es war, als du durch den Lichttunnel des Raumschiffs, ganz schnell und leicht auf den Boden gesetzt wurdest.

Plötzlich wachst du auf, du reibst dir die Augen, kannst gar nicht verstehen, dass du plötzlich nicht mehr in deinem Wolkenflugzeug sitzt, sondern auf der grünen Wiese, von der aus deine Reise begann, deine Reise auf den fernen Planeten XHLYVZ.

Unsere Chakren und Aurakörper

Da möglicherweise einige Leser dieses Buches noch niemals etwas von Chakren oder Aurakörpern gehört haben, möchte ich zum besseren Verständnis noch einmal näher auf sie eingehen.

Das Sichtbare an uns, unser physischer Körper, ist umgeben von feinstofflichen Körpern, die je nach Entwicklungsstand eine unterschiedliche Ausdehnung haben. Diese feinstofflichen Körper nennen wir AURA. Unsere feinstofflichen Körper haben unterschiedliche Formen, Farben und Strukturen und sind nicht voneinander getrennt, sondern durchdringen bzw. durchschwingen einander. Sie nehmen Energie aus dem Kosmos auf und geben überschüssige Energie, die der Körper nicht braucht, wieder ab. Das funktioniert wie ein ständiges Ein- und Ausatmen.

Der **Vitalkörper** bildet die erste Schicht um den sichtbaren Körper. Er umhüllt ihn in einem Abstand von ca. 5 cm und ist zugleich ein Schutzmantel, der – gut ausgebildet - das Eindringen von Krankheiten verhindert. Er hat die niedrigste Schwingungsfrequenz. Ein gut ausgebildeter Vitalkörper sorgt für körperliche Gesundheit und Wohlbefinden.

Der **Emotionalkörper** wird auch Astralleib genannt. Er spiegelt Gefühle und Emotionen seines Trägers wider und ist - je nach Verfassung - konfus, chaotisch oder geordnet. Der Emotionalkörper hat eine ovale Form und dehnt sich bis zu mehrere Meter aus.

Der **Mentalkörper** spiegelt unseren Geist wider, und zeigt die Strukturen, in denen unser Denken abläuft. Je weniger der Geist an die Materie gebunden ist, desto weiter und durchlässiger ist die Ausstrahlung des Mentalkörpers. Er hat eine höhere Schwingungsfrequenz als Emotional- und Vitalkörper und eine Ausdehnung, die etwa so groß ist, wie die ersten beiden Körper zusammen.

Der **Spiritualkörper** eines Menschen, hat die höchste Schwingungsfrequenz. Er ist eiförmig oder rund. Sein Umfang wird vom Grad der Spiritualität des Menschen beeinflusst. Er kann z.B. einen Meter über den physischen Körper hinausragen oder bei spirituell Erwachten bis zu einem Kilometer weit reichen.

Im Inneren unseres physischen Körpers befinden sich die 7 Hauptchakren. Diese sind die Energiezentren unseres Körpers. Ebenso wie unsere Aurakörper stehen sie nicht für sich alleine, sondern greifen ineinander über. Man kann sie sich wie ein Rad vorstellen. Dieses Rad kann sich nach rechts oder auch nach links drehen. Im Idealfall, bei gut gereinigten und aktivierten Chakren, drehen sich alle in eine Richtung und haben in etwa die gleiche Größe. Sie berühren sich und stehen miteinander in Kontakt, tauschen sich aus.

Doch unsere Chakren nehmen nicht nur den Raum in unserem Körper ein, sie weiten sich aus, dehnen sich teilweise bis zu 1 Meter über den physischen Körper hinaus aus und verbinden sich dort mit den Aurakörpern.

Jedem Chakra wird eine bestimmte Farbe, sowie bestimmte Aufgaben zugeordnet:

1. Das **Wurzelchakra**: Es befindet sich am unteren Ende der Wirbelsäule. Es hat die Farbe Rot und steht für die Verbindung zu Mutter Erde, für Urvertrauen und Bodenständigkeit. Durch unser Wurzelchakra nehmen wir Energien aus der Erde auf und geben verbrauchte Energien, die uns nicht mehr guttun, an die Erde zurück. Gesundheitlich versorgt es Muskulatur, Knochen, Haut, Füße und einen Teil der Beine, unsere Körpertemperatur sowie alle inneren Organe.

2. Das **Sakralchakra**: Es befindet sich in der Mitte des Unterleibs. Seine Farbe ist orange und es steht für Sexualität, Lebenslust, Kreativität und Schaffenskraft. Gesundheitlich versorgt es Blase und Sexualorgane, Nieren, Darm, sowie

Becken, Hüfte und einen Teil der Oberschenkel.

3. Das **Solarplexuschakra**: Es befindet sich ca. 1 Hand breit über dem Bauchnabel. Seine Farbe ist gelb und es steht für unsere innere Mitte, für Selbstvertrauen und Intuition. Gesundheitlich versorgt es fast alle inneren Organe, wie z.B. Leber, Magen, Galle, Bauchspeicheldrüse und Lunge.

4. Das **Herzchakra**: Es befindet sich in der Mitte des Brustkorbs, seine Farbe ist von einem hellen Grün. Es steht für die uneigennützige Liebe, für Heilung, für Verständnis und Mitgefühl. Gesundheitlich versorgt es Herz, Lunge, Thymusdrüse und Luftröhre.

5. Das **Halschakra**: Es befindet sich im unteren Teil des Halses, seine Farbe ist blau und es steht für das gesprochene Wort, für das „gehört-werden-wollen".

6. Das **Stirnchakra** oder auch 3. Auge: Es befindet sich zwischen den Augenbrauen und hat eine violette Farbe. Es steht für unsere Intuition, für das „innere" Sehen, für Inspiration, Klarheit, Telepathie und Hellsicht. Gesundheitlich versorgt es das Nervensystem, das Kleinhirn, die Stirnhöhle sowie die Zirbeldrüse (Epiphyse).

7. Das **Kronenchakra**: Es befindet sich direkt auf unserem Scheitel. Seine Farbe ist weiß. Durch unser geöffnetes Kronenchakra besteht die Anbindung ans Göttliche. Gesundheitlich versorgt es das Gehirn, die Zirbeldrüse (Epiphyse) und unseren gesamten Körper mit Energie.

In der nachfolgenden Reinigungsübung werde ich noch von zwei weiteren Chakren sprechen. Sie befinden sich nicht in unserem Körper, sondern außerhalb, in unserer Aura. Auch diese beiden Chakren würde ich zu den Hauptchakren zählen.

Da gibt es zum einen das **Seelenchakra**, welches sich ca. 40 Zentimeter über unserem Kopf befindet und ein rein geistiges Chakra ist, zum anderen das **Erdchakra**, das sich ca. 1 Meter unter unseren Füßen befindet und in ganz engem Kontakt zu Mutter Erde steht.

Neben diesen Hauptchakren gibt es aber auch noch zahlreiche Nebenchakren, auf die ich hier nicht im Einzelnen eingehen möchte. Doch auch diese Chakren sind sehr wichtig für uns, denn bei der Heilung eines Menschen oder Tieres spielen auch sie eine sehr große Rolle.

Es ist wichtig, unsere Chakren und Aurakörper regelmäßig zu reinigen, da es ständig zu Anhaftungen und Verunreinigungen kommt. „Erdgebundene Seelen" und Elementale, über die Sie in diesem Buch schon so einiges erfahren haben, hängen sich an uns. Sie setzen sich in unserer Aura und in unseren Chakren fest. Aber auch Gedankenenergien fremder Menschen finden den Weg in unsere Aura.

Sie haben doch bestimmt schon oft Folgendes festgestellt: Sie unterhalten sich mit einer Person, der es nicht gut geht. Diese beklagt sich bei Ihnen über ihre Sorgen und Nöte. Die Person lässt allen Ballast ab, und geht anschließend gestärkt und frohen Mutes nach Hause, Sie aber fühlen sich schlapp, müde und ausgelaugt.

Diese Personen nennt man Energievampire. Sie saugen alle Kraft aus uns heraus, um selbst wieder gestärkt und voller Kraft zu sein. Es ist diesen Menschen nicht bewusst, dass sie so handeln, doch leider passiert das immer wieder. Nicht nur während eines Gesprächs oder direkten Kontakts, sondern auch bei einem Besuch in der

Fußgängerzone, im Supermarkt oder bei einem Arztbesuch. Überall dort, wo viele Menschen zusammen sind. Ständig wechseln diese Energien „ihren" Menschen. Sie suchen sich immer wieder jemand Neues. Jemanden, der mehr Energie hat, denn diese Kraft stärkt und nährt sie. Um diese Energien oder Wesenheiten zu entfernen, benötigen Sie in der Regel keine fremde Hilfe. Mit der nun folgenden Reinigungsübung können Sie Ihre Aura und Ihre Chakren reinigen lassen. Wenden Sie sich dazu an Gott oder auch an Jesus Christus, je nachdem, zu wem Sie den größeren Bezug haben.

Reinigungsübung

Ich möchte Ihnen nun eine kleine Übung ans Herz legen, die nicht länger als zehn Minuten dauert, aber dafür sorgt, dass Ihre Chakren und Ihre Aura von negativen Energien und Wesenheiten gereinigt werden.
Suchen Sie sich einen Platz, an dem Sie völlig ungestört sind. Konzentrieren Sie sich auf Ihren Körper. Atmen Sie einmal tief ein und aus, und geben Sie Ihren Chakren den Befehl, sich zu öffnen, indem Sie sagen: „Chakren, bitte öffnet euch."
Konzentrieren Sie sich zunächst auf Ihr Herzchakra. Nehmen Sie noch einen tiefen Atemzug, und geben Sie auch Ihrem Herzchakra den Befehl, sich zu öffnen, mit den Worten: „Herzchakra, bitte öffne dich, ganz weit."
Richten Sie Ihre Konzentration nun auf Ihr Solarplexuschakra, das sich über Ihrem Bauchnabel befindet, atmen Sie tief ein und aus, und sagen Sie auch hier:

„Solarplexuschakra, bitte öffne dich, ganz weit."

Geben Sie jetzt Ihrem Sakralchakra, das sich in der Mitte Ihres Unterleibs befindet, den Befehl, sich zu öffnen. Richten Sie Ihren „Inneren Blick" darauf und sagen Sie: „ Sakralchakra, bitte öffne dich ganz weit."

Richten Sie nun Ihre Konzentration auf Ihr Wurzelchakra, das sich am unteren Ende Ihrer Wirbelsäule befindet und geben auch ihm den Befehl sich zu öffnen, mit den Worten: „Wurzelchakra, bitte öffne dich ganz weit."

Als letztes richten Sie Ihren Blick auf das Erdenchakra, das sich ungefähr 1 Meter unter Ihren Füßen befindet und sagen Sie auch ihm: „Erdenchakra, bitte öffne dich ganz weit."

Atmen Sie noch einmal tief ein und aus, und bitten Sie Mutter Erde Kontakt zu Ihnen aufzunehmen. Bitten Sie sie, alle dunklen und verbrauchten Energien, die aus Ihnen herausfließen, aufzunehmen und mit ihrer Liebe zu transformieren, ganz so, wie sie es für richtig und gut hält. Mutter Erde weiß, wie sie es richtig macht.

Bitten Sie sie, ihren physischen und ihre geistigen Körper in der Energie der neuen Erde zu verankern und aufzuladen.

Bedanken Sie sich nun bei Mutter Erde und gehen Sie mit Ihren Gedanken in Ihr Herzchakra zurück.

Atmen Sie einige Male tief ein und aus, und richten Sie Ihre Konzentration auf Ihr Halschakra. Sagen Sie zu ihm: „Halschakra, bitte öffne dich ganz weit."

Richten Sie ihren Blick auf Ihr Stirnchakra, und geben Sie auch ihm den Befehl sich zu öffnen, indem Sie zu ihm sagen: „Stirnchakra, bitte öffne dich ganz weit."

Ihr „Innerer Blick" geht nun zum Kronenchakra, das sich

oben auf Ihrem Scheitel befindet und sagen Sie: „Kronenchakra, bitte öffne dich ganz weit."

Und schließlich sagen Sie auch zu Ihrem Seelenchakra, das sich ca. 20-30 Zentimeter über Ihrem Kopf befindet: „Seelenchakra, bitte öffne dich ganz weit."

Vielleicht können Sie ja fühlen, wie Ihre Chakren sich öffnen, wie sie ganz weit werden. Konzentrieren Sie sich eine Weile nur darauf.

Verbinden Sie sich nun mit Gott Vater, bitten Sie ihn, Kontakt mit Ihnen aufzunehmen. Dabei ist es ganz gleich, ob Sie sich eine Lichtsäule vorstellen, die aus Ihrem Kronenchakra heraus bis in den Himmel reicht, oder ob Sie sich einfach nur gedanklich mit Gott verbinden. Jeder macht das, was er am besten kann.

Bitten Sie Gott Vater nun, Ihre Chakren, Ihre Aura und jede Ihrer Zellen von negativen Energien, von allen Elementalen und von allen Wesenheiten, die dort nicht hingehören, zu reinigen. Falls Sie spüren können, wie es in Ihnen arbeitet, warten Sie so lange, bis das Gefühl abgeflacht ist. Falls Sie keine Energien spüren, warten Sie einfach 1-2 Minuten ab und bitten Gott dann, die nun leer gewordenen Energieräume mit seinem Licht aufzufüllen.

Warten Sie wieder 1-2 Minuten, und danken Sie Gott für seine Reinigungsarbeit und für seine Energien der Liebe. Geben Sie nun Ihren Chakren den Befehl, sich wieder zu schließen. Hierbei werden Ihre Chakren nicht ganz verschlossen, sondern nur so weit, dass sie nicht vollkommen durchlässig sind.

Falls Ihnen diese Übung jetzt noch ein wenig mühselig erscheint, kann ich Ihnen versichern, dass Sie nach

148

einiger Zeit nicht mehr jedem einzelnen Chakra den Befehl zum Öffnen geben müssen. Wenn sich Ihre Chakren an die Übung gewöhnt haben, reicht es aus, zu sagen: „Chakren, bitte öffnet euch, ganz weit." Dann werden sich Ihre Chakren ohne Mühe öffnen.

Hinweis: Falls Sie mithilfe dieser Reinigungsübung Dinge entfernen lassen, die Sie von Ihren Ahnen ererbt haben, achten Sie bitte darauf, dass nur die Dinge entfernt werden, die zu diesem Zeitpunkt nicht mehr nützlich für Sie sind. Ansonsten ist es möglich, dass auch das entfernt oder aufgelöst wird, was für Ihr jetziges Leben noch gut und wichtig ist.

Abtreibungen

Während der Behandlung meiner Klientinnen kommt es immer wieder vor, dass sich die Seelen abgetriebener Babys noch in den Auren ihrer Mütter aufhalten. Sie wissen einfach nicht, wohin sie gehen sollen, können nicht verstehen, was mit ihnen geschehen ist, und so befinden sie sich oft 30, 40 oder auch 50 Jahre nach der Abtreibung, immer noch bei ihren Müttern.

Ich möchte jetzt nicht mit dem erhobenen Zeigefinger dastehen und Ihnen sagen, was sie tun und lassen sollen, doch ist es mir wichtig, dass Sie wissen, welche Auswirkungen so eine Abtreibung auf Sie und auf Ihr ungeborenes Kind hat.

Diese Babys klammern sich an ihre Mütter, voller Angst aber auch voller Vertrauen, denn sie wissen nicht, wohin sie sich sonst wenden könnten. Ihre Seelen sind verwirrt, was dazu führt, dass sie sich in der Aura vergraben, sich krampfhaft in den Chakren festhalten.

Somit stellen sie eine Besetzung dar. Sie projizieren immer wieder ihre Gefühle in die der Mutter, was dazu führt, dass diese Abtreibungen sehr häufig zu Schuldgefühlen und schließlich dann zu Depressionen führen.

Wie sie bereits in dem Kapitel „Unfalltod ungeborener Zwillinge" gelesen haben, in dem sich eines der Zwillinge im Halsbereich der älteren Schwester festgeklammert hatte, führt auch diese Art von Besetzung nach einiger Zeit zu psychischen und physischen Symptomen. Dieses kann sich dann durch alle möglichen Beschwerden äußern wie Verspannungen, Migräne, Herzrasen, Rückenschmerzen u.s.w.

Oder aber auch, wie bei dem folgenden Beispiel meiner 49 Jahre alten Klientin, die Monate zuvor ihren Ehemann bei einem Unfall verloren hatte, und die, trotz monatelanger Psychotherapie, immer noch unter starkem Herzrasen und extremen Panikattacken litt.

Ich: „Wenn du dich in deinen Körper hineinfühlst, wo empfindest du das Gefühl der Panik am Stärksten?"

Klientin: „Am stärksten ist es in meiner Brust, aber auch in meinem Bauch."

Ich: „Wenn du diesem Gefühl eine Farbe geben könntest, wie sähe es dann aus?"

Klientin: „Es hätte eine tief schwarze Farbe, mit dunkelgrünem Rand und langen roten Zacken."

Ich: „Kannst du mir sagen, wie groß das Gefühl ist?"

Klientin: „Es ist riesig. Über meinen ganzen Bauch hinweg und über meine Brust – und es geht ganz in die Weite."

Ich: „Dieses Gefühl, dieser Schmerz, ist eine Wesenheit mit eigenen Bedürfnissen, mit eigenen Gedanken und eigenen Gefühlen, die es auf dich überträgt. Bitte es einmal, sich dir zu zeigen, so, wie es tatsächlich aussieht, mit seiner ganzen Gestalt, mit seinem Gesicht, seinen Augen – und mit all seinen Gefühlen. Kannst du das?"

Klientin: „Ja. Es ist jetzt ganz rot. Ein großer gezackter Körper mit großen, wütenden Augen. Es fragt mich, was ich von ihm wolle."

Ich: „Es hat Angst, das ist ganz verständlich. Frage das Wesen, weshalb es bei dir ist und wie lange es schon bei dir ist."

Klientin: „Es sagt, schon sein ganzes Leben. Es kenne nur mich und es würde nicht weggehen."

Ich: „Sage ihm, dass du dankbar bist, dass es so lange Zeit bei dir war, dass aber nun die Zeit gekommen sei, dich zu verlassen. Sage ihm, es gäbe einen Ort, an dem es besser aufgehoben sei, ein Ort, an dem es unter Seinesgleichen sei, an dem es lernen und sich weiterentwickeln könne."

Klientin: „Es sagt, es will nichts lernen."

Ich: „Vielleicht magst du ihm einmal sagen, dass es dir Schmerzen bereitet, wenn es weiterhin bei dir bleibt."

Klientin: „Das habe ich ihm gesagt, aber es will trotzdem

nicht gehen. Bei mir sei es warm und weich und schön. Das will es nicht aufgeben."

Ich: „Dort, wohin es jetzt gehen wird, ist es auch warm, weich und schön. Zugleich ist dort alles voller Liebe, Freude und angenehmer Musik. Dort findet es Freunde, es kann tolle Dinge unternehmen und all das tun, was ihm Freude bereitet. Es kann dort all die Dinge tun, die es bei dir, in deiner Aura, nicht tun kann, und auch du kannst dein Leben wieder so führen, wie du es möchtest, ohne ständige Beeinflussung. Es ist wichtig, dass auch du jetzt loslässt. Auch du musst dieses Wesen gehen lassen."

Klientin: „Das weiß ich, aber es fällt so schwer. Vielleicht fühle ich mich hinterher noch schlechter als jetzt."

Ich: „Ich werde nun deinen Schutzengel bitten, zu uns zu kommen."

Der Schutzengel meiner Klientin hüllt das Wesen in sein Licht und nimmt es in seine Hände. Sofort kann ich sehen, wie es sich verändert. Es wird ganz weich und nimmt die Form eines Babys an. Gleichzeitig höre ich seine Stimme, die sagt: „Mama, ich hab dich lieb." Sofort steigt das Energiepotential im Raum extrem an.
Ich spüre diese Energien bis hinein in meine Haarwurzeln. Das treibt mir die Tränen in die Augen, weil es so emotional ist.
Ich frage meine Klientin, ob sie einmal einen Fötus abgetrieben habe. Sie bejaht. Das wäre vor vielen Jahrzehnten gewesen und hätte keine Bedeutung für sie gehabt. Ich sage ihr, dass dieses Wesen, das all diese Jahrzehnte in ihrer Aura gelebt hätte, das vor langer Zeit

abgetriebene Baby sei, und das es sie immer noch lieben und verehren würde. Meine Klientin zeigt sich betroffen. Sie kann sich das nicht vorstellen, und fragt, wie sie sich nun verhalten soll.

Ich: „Es ist wichtig, dass du jetzt zu dem Baby stehst, dass du ihm das Gefühl gibst, wichtig und wertvoll für dich zu sein. Sage ihm, dass du es liebst, dass du ihm dankbar bist, dafür, dass es so lange Zeit bei dir war, und entschuldige dich bei ihm. Sage ihm, in einfachen Worten, weshalb du dich damals für diese Abtreibung entschieden hast, so, dass es sich trotz allem geliebt fühlt.
Das ist wichtig für dich, aber auch für die Seele dieses Kindes, wichtig für seine erneute Inkarnation hier auf Erden.“

Klientin, nach einiger Zeit der Zwiesprache: „Ich habe mit ihm geredet. Es hat so viele Gefühle in mir ausgelöst, so viele Emotionen. Ich wusste gar nicht, dass da so viel Liebe in mir war. Liebe für dieses Kind, das ich doch damals gar nicht haben wollte. Ich glaube, jetzt sind wir beide bereit, loszulassen.“

Das Baby kuschelt sich in die Arme des Schutzengels, und gemeinsam mit ihm, steigt es in den „Himmel“ auf, dem Licht entgegen.
Ich bitte Erzengel Michael alle Energieschnüre, die das Baby noch mit meiner Klientin verbinden, abzutrennen und fülle die nun leer gewordenen Energieräume in der Aura und in den Chakren meiner Klientin, mit Licht auf.
Auf meine Frage nach ihren körperlichen Beschwerden, meinte sie dann, dass sie sich im Herzbereich sofort viel freier gefühlt habe, und auch im Bauchraum, fühle es sich schon besser an.

Nach einigen Wochen teilte mir meine Klientin mit, dass sie sich nun wesentlich besser auf die Psychotherapie einlassen könne und inzwischen sehr gute Fortschritte mache.

Vielleicht konnte dieses Beispiel eines abgetriebenen Babys, das sich nach mehr als 30 Jahren noch in der Aura meiner Klientin befand, ihnen nahebringen, das eine Abtreibung nicht einfach nur ein kleiner Eingriff ist, sondern bei beiden, Mutter und Kind, tiefe seelische Einschnitte und Narben hinterlässt.

Auch meine Klientin dachte, es hätte sie gefühlsmäßig nicht verletzt, doch in Verbindung mit dem Tod ihres Mannes und den damit ohnehin verbundenen seelischen Schwankungen, gerieten ihre Gefühle völlig aus dem Takt. Was sich lange Zeit verdrängen ließ, kam in dieser Phase ihres Lebens ganz plötzlich und heftig, mit seelischen und körperlichen Beschwerden, wieder zurück in ihr Leben.

Die Kraft der Liebe

Einer meiner mich stets begleitenden Engel, hat mir kürzlich etwas über die Liebe und ihre große Kraft mitgeteilt. Diese Durchsage möchte ich zum Schluss noch gerne an Sie weitergeben.

„Ich bin Ezrael, ein Name, so alt wie die Sonne, so hell wie das Licht, so kraftvoll wie Gott.
Ganz tief versteckt die Gedanken der Menschen, ganz

tief verwurzelt im Sein. Viele Jahrtausende in Menschen-
gedenken die Kraft, der Mut, das Leben. Alles ist Eins,
alles erstarkt im Glauben an den Herrn, Gott dem Vater,
Christus dem Sohn, hell wie das Firmament in den
Strahlen der Sonne.

So wie das Licht heilt das Firmament in den Strahlen der
Sonne, so wie die Sonne heilt das Licht unter den Men-
schen, so heilt die Erde unter der Kraft des Glaubens.

Gottes Einheit ist unüberschaubar, das Universum so
groß, so vielfältig und doch so separat im Auge des Ein-
zelnen, ganz tief verwurzelt in der Kraft der LIEBE. Tief
verwurzelt die Kraft der Ewigkeit, der Zauber und die
Kraft der LIEBE allgegenwärtig, alles überbrückend,
alle Stärke in sich vereinend. So tief in uns verwurzelt
und doch so selten genutzt.

Die LIEBE ist das Wort des EINEN, alle Dunkelheit
überbrückend.

Erzengel Ezrael

Ja, die Liebe, tief in uns verwurzelt und doch so selten
genutzt. Das sagt mein Engel, und er hat recht. Die
Liebe, sie kostet nichts, ist immer und überall frei ver-
fügbar, doch können wir Menschen oft nicht viel damit
anfangen.

Mit der Liebe und mit dem Licht hat Gott uns zwei
Werkzeuge an die Hand gegeben, mit denen wir beinahe
jedes Problem aus der Welt schaffen können.

Durch den freien Willen, den Gott uns Menschen einst
geschenkt hat, ist es ihm nicht möglich, in unser Weltgeschehen einzugreifen, es sei denn, unsere Erde würde
durch unseren Umgang mit ihr dem Untergang geweiht
sein.

Was aber nicht heißt, dass er uns gar nicht hilft. Er schickt uns so oft inneren Frieden, lässt uns Dinge, die uns widerfahren, leichter erscheinen, schenkt uns Heilung, wenn wir darum bitten, ob körperlich oder auch für bestimmte Situationen.

In Kriegen und anderen schlimmen Krisensituationen, schenkt er uns eine ganz besondere Kraft, die es uns erlaubt, das Geschehene besser zu verarbeiten, Schwerkranken schenkt er die Gabe, ihr Schicksal anzunehmen, ihre Schmerzen nicht ganz so stark zu empfinden.

Außerdem hat er jedem von uns seine Engel an die Seite gestellt; unsere Schutzengel zum Beispiel, die nur dann zulassen, dass wir uns schwer verletzen oder gar sterben, wenn es in unserem Lebensplan so vorgesehen ist.

Er gab uns unsere geistigen Führer an die Hand, die uns führen und leiten, die uns über unsere Intuition, über unser Unterbewusstsein helfende Ratschläge erteilen, die uns Antworten auf unsere Fragen geben, und in unseren Träumen Dinge auflösen, die unsere Seele belasten und ihr sonst schaden würden.

Und er gab uns das LICHT und die LIEBE an die Hand. Mit dem Licht und mit der Liebe, können wir jede Finsternis überwinden, jeden Feind besiegen, denn all das was Krieg, Gewalt und Leid verursacht, entstammt der Dunkelheit. Doch jede Dunkelheit muss dem Licht und der Liebe weichen. Das ist Göttliches Gesetz.

Je mehr Lichter in der Dunkelheit leuchten, desto weniger Macht hat die Dunkelheit. Deshalb ist es wichtig, dass wir uns zusammentun, dass wir unser Licht wieder aufleuchten lassen, ohne uns beeinflussen zu lassen von den Widrigkeiten im Weltgeschehen. Wenn wir es schaffen, im Licht und in der Liebe zu sein, wenn wir Viele sind, können wir dem Unlicht den Garaus machen.

Danksagung

Mein ganz besonderer Dank gebührt meinen Klienten, denn sie haben mir wundervolle Vorlagen für mein Buch geliefert. Sie waren bereit, mich in ihre Seelen blicken zu lassen, in ihre Häuser und Wohnungen. Ohne ihre Hilfe, hätte ich all diesen Verstorbenen, von denen dieses Buch berichtet, nicht helfen können.

Besonders den Kindern unter ihnen danke ich, denn sie haben mir gezeigt, dass ihre und meine Sicht des Sehens in andere Welten, die Gleiche ist. Sie haben mir gezeigt, dass ich mich auf mein intuitives Wissen und auf meine Kraft verlassen kann. Auf diesem Wege möchte ich auch Britta und ihren Kindern danken. Ihr wart mir immer ein ganz besonderer Quell der Inspiration.

Ein großer Dank gebührt auch meinen Freundinnen Sabine, Marion und Ulrike. Ihr habt mir durch euer spirituelles Vorwissen sehr geholfen, indem ihr das Buch nach inhaltlichen Fehlern abgesucht habt.

Auch meinem Sohn Michael, der mir geholfen hat, mein Buch druckfähig zu machen, möchte ich auf diesem Wege ganz besonders danken.

Und dann gibt es da noch eine ganze Schar von Engeln, denen mein Dank gilt; ganz besonders Erzengel Michael und Erzengel Ezrael mit ihren Engeln, ohne deren Hilfe und Unterstützung ich meine Arbeit gar nicht ausführen könnte. Vielen Dank!